Embora este pequeno livro dig... ...p... sobre a leitura da Bíblia, oração e comunhão cristã (com dois ou três outros fatores incluídos), sua grande força e beleza é que nutre minha resolução de ler a Bíblia e me dá fome de oração. Se os chamados "meios de graça" são apresentados como nada além de deveres, a engrenagem da santificação é a obrigação. Mas, neste caso, os meios de graça são corretamente percebidos como dons graciosos e sinais de que Deus está trabalhando em nós, o que aumenta nossa alegria por estarmos no auge da liberdade cristã sob as glórias do Rei Jesus.

D. A. Carson
Professor Pesquisador de Novo Testamento no Trinity Evangelical Divinity School; co-fundador do The Gospel Coalition

A maioria das pessoas presume que o treinamento disciplinado é necessário para obter qualquer habilidade — profissional, acadêmica ou atlética. Mas, por alguma razão, os cristãos não pensam que esse princípio se aplica a suas vidas cristãs. Em seu excelente livro *Hábitos espirituais*, David Mathis apresenta uma defesa convincente da importância das disciplinas espirituais, e o faz de uma maneira tão cativante que irá motivar todos nós a praticar as disciplinas espirituais da vida cristã. Este livro será ótimo, tanto para os novos convertidos, que estão começando em sua jornada, quanto como um curso de atualização para aqueles de nós que já estão no caminho.

Jerry Bridges
Autor de *A busca da santidade*

David Mathis mais do que cumpriu o seu objetivo de escrever uma introdução às disciplinas espirituais. O que mais amo no livro é como Mathis apresenta as disciplinas — ou "meios de graça", como ele prefere descrevê-las — como hábitos a serem cultivados para deleitar-se em Jesus. As práticas bíblicas que Mathis explica não são fins — esse foi o erro dos fariseus na época de Jesus e dos legalistas em nosso tempo. Antes, são meios pelos quais buscamos, desfrutamos e nos deleitamos em Jesus Cristo. Que o Senhor use este livro para ajudá-lo a se colocar "no caminho da atração" que resulte em um aumento de sua alegria em Jesus.

Donald S. Whitney
Professor Associado de Espiritualidade Bíblica e Reitor Associado Sênior da Escola de Teologia no The Southern Baptist Theological Seminary; autor de *Disciplinas espirituais* (Editora Batista Regular)

Não há um cristão no mundo que tenha dominado as disciplinas espirituais. De fato, quanto mais crescemos na graça, mais percebemos quão pouco sabemos sobre ouvir a Deus, falar com Deus e meditar em Deus. Nossa maturidade revela nossa inadequação. *Hábitos espirituais* é um guia poderoso para as disciplinas espirituais. Ele oferece instruções básicas para novos crentes, ao mesmo tempo que traz um novo encorajamento para aqueles que andam com o Senhor há muitos anos. É uma alegria recomendá-lo a você.

Tim Challies
Autor de *The Next Story*; blogueiro em Challies.com

Este é o tipo de livro ao qual recorro periodicamente para ajudar a examinar e recalibrar meu coração, minhas prioridades e minha caminhada com o Senhor. David Mathis nos deu uma cartilha para experimentar e exalar prazer sempre crescente em Cristo, por meio de hábitos intencionais iniciados pela graça, que facilitam o fluxo de fontes cada vez mais plenas de graça em nossas vidas.

Nancy Leigh DeMoss
Autora; apresentador do programa *Revive Our Hearts*

Na minha juventude, as disciplinas espirituais costumavam ser cercadas por um ar de legalismo. Mas hoje o pêndulo oscilou na outra direção: parece que as devocionais familiares e privadas saíram do radar. A própria palavra hábitos pode ser desanimadora, especialmente em uma cultura de distração e autonomia. No entanto, o caráter é em grande parte uma coleção de hábitos. Cristo promete nos abençoar por meio de seus meios de graça: sua Palavra pregada e escrita, o batismo e a Ceia do Senhor. Como o primeiro choro de um bebê, a oração é o início dessa vida de resposta à graça concedida, e nunca superamos isso. Além da oração, existem outros hábitos que a graça motiva e molda. Sou grato por *Hábitos espirituais* trazer as disciplinas de volta à conversa e, espero, de volta à nossa prática também.

Michael Horton
Professor da cátedra J. Gresham Machen de Teologia Sistemática e Apologética no Westminster Seminary Califórnia; autor de *Calvin on the Christian Life*

David Mathis nos deu um livro sobre as disciplinas espirituais que é prático, útil e acessível. Ele fala com uma voz que não repreende nem sobrecarrega, oferecendo encorajamento por meio de sugestões e percepções para ajudar até mesmo o mais novo crente a encontrar um ritmo pelo qual empregar esses meios de graça. Com uma abordagem do assunto que é maravilhosamente descomplicada e minuciosa, *Hábitos espirituais* oferece um ponto de partida para iniciantes e um caminho de crescimento para os experientes na fé.

Jen Wilkin
Autora de *Mulheres da Palavra*; Professora de estudo bíblico

Sou atraído por livros que sei que primeiro foram vividos na confusão da vida antes de serem colocados em folhas de papel em branco. Este é um desses livros! David encontrou um caminho antigo até Jesus por meio dos hábitos de graça que ele nos recomenda. Sou extremamente grato pelo compromisso de David em tomar a mensagem atemporal deste livro e comunicá-la em uma linguagem que seja cativante para a mente e calorosa para o coração. Este livro tem a amplitude de uma revisão da literatura com o estilo de um devocional. Estou ansioso para colocá-lo nas mãos de nossa equipe de ministério do campus e vê-lo sendo lido em dormitórios e centros estudantis em todo o país.

Matt Bradner
Diretor Regional da Campus Outreach

Simples. Prático. Útil. Em *Hábitos espirituais*, Mathis escreve brilhantemente sobre três disciplinas espirituais essenciais que nos ajudarão a realinhar nossas vidas e fortalecer nossa fé. Em um mundo onde tudo parece estar ficando mais complicado, este livro nos ajudará a reduzir a marcha e focar nas coisas que mais importam.

Louie Giglio
Pastor na Passion City Church, Atlanta; Fundador da Passion Conferences

Muitas vezes, ao considerarmos as disciplinas espirituais, pensamos no que devemos fazer individualmente. Mathis tem uma abordagem diferente que é ao mesmo tempo perspicaz e renovadora. Junto com nosso tempo pessoal de oração e leitura, somos incentivados a buscar conselhos de santos experientes, conversar sobre o estudo da Bíblia com outras pessoas e orar juntos. A vida cristã, incluindo as disciplinas, não foi feita para ser vivida isoladamente. A profundidade do conhecimento bíblico de Mathis, junto com sua orientação prática e estilo gracioso, o deixará ansioso para buscar as disciplinas, amparado pela graça de Deus.

Trillia Newbell
Autora de *United: Captured by God's Vision for Diversity* e *Fear and Faith*

David Mathis nos forneceu uma visão das práticas espirituais cristãs que é guiada pelo evangelho, centrada na Palavra e exalta a Cristo. Além disso, ele entende que a santificação é um projeto comunitário: a igreja local tem uma grande importância em *Hábitos espirituais*. Este livro é perfeito para estudo em pequenos grupos, leitura devocional ou para ser dado a um amigo que está pensando neste assunto pela primeira vez. Dou a ele minha mais alta recomendação.

Nathan A. Finn

Deão da Escola de Teologia e Missões na Union University

DAVID MATHIS
Apresentação por John Piper

Dados Internacionais de Catalogação na Publicação (CIP)
(eDOC BRASIL, Belo Horizonte/MG)

M431h   Mathis, David, 1980-.
         Hábitos espirituais: prazer em Jesus pela graça diária / David C. Mathis; apresentação por John Piper; tradutor João Paulo Aragão da Guia Oliveira. – São José dos Campos, SP: Editora Fiel, 2022.
         264 p. : 14 x 21 cm

         Título original: Habits of Grace: Enjoying Jesus through the Spiritual Disciplines
         ISBN 978-65-5723-175-3

         1. Vida espiritual – Cristianismo. 2. Vida cristã. I. Título.
                                                                               CDD 248.4

Elaborado por Maurício Amormino Júnior – CRB6/2422

Hábitos espirituais:
Prazer em Jesus pela graça diária

Traduzido do original em inglês:
Habits of Grace: Enjoying Jesus through the Spiritual Disciplines

Copyright © 2016 por David C. Mathis.
Todos os direitos reservados.

∎

Originalmente publicado em inglês por Crossway, um ministério de publicação da Good News Publishers
Wheaton, Illinois 60187, USA

Copyright © 2022 Editora Fiel
1ª edição em português: 2022

Todos os direitos em língua portuguesa reservados por Editora Fiel da Missão Evangélica Literária

Proibida a reprodução deste livro por quaisquer meios sem a permissão escrita dos editores, salvo em breves citações, com indicação da fonte.

Os textos das referências bíblicas foram extraídos da versão Almeida Revista e Atualizada, 2ª ed. (Sociedade Bíblica do Brasil), salvo indicação específica.

∎

Diretor Executivo: Tiago J. Santos Filho
Editor-chefe: Vinicius Musselman Pimentel
Editor: Vinicius Musselman Pimentel
Coordenação Editorial: Gisele Lemes
Tradução: João Paulo Aragão da Guia Oliveira
Revisão: Valdir Pereira dos Santos
Diagramação: Rubner Durais
Capa: Rubner Durais
ISBN brochura: 978-65-5723-175-3
ISBN e-book: 978-65-5723-176-0
ISBN audiobook: 978-65-5723-178-4

Caixa Postal 1601
CEP: 12230-971
São José dos Campos, SP
PABX: (12) 3919-9999
www.editorafiel.com.br

Para Carson e Coleman
Que ele lhes dê um paladar para as receitas antigas

Sumário

Apresentação, por John Piper 13
Prefácio 17
Introdução: Graça indomada 23

PARTE 1: OUVIR A VOZ DE DEUS — PALAVRA

1. Molde sua vida com as palavras de vida 41
2. Leia para amplitude, estude para profundidade 49
3. Aqueça-se no fogo da meditação 63
4. Leve a Bíblia em seu coração 71
5. Memorize a mente de Deus 77
6. Decida ser um aprendiz por toda a vida 95

PARTE 2: SER OUVIDO POR DEUS — ORAÇÃO

7. Desfrute da dádiva de ser ouvido por Deus 105
8. Ore em secreto 111
9. Ore com constância e companhia 121
10. Afie suas afeições com o jejum 133
11. O diário como um caminho para a alegria 145
12. Faça uma pausa no caos 155

PARTE 3: PERTENCER AO SEU CORPO — COMUNHÃO

13. Aprenda a voar com a comunhão 165
14. Acenda a chama da adoração comunitária 177
15. Ouça a graça no púlpito 187
16. Lave-se novamente nas águas 197
17. Cresça em graça na mesa 203
18. Receba a bênção da repreensão 209

PARTE 4: DESFECHO

19. A comissão 223
20. O dinheiro 233
21. O relógio 241

Epílogo: Comunhão com Cristo em um dia caótico 251
Agradecimentos 257

Apresentação

POR JOHN PIPER

Não acho que tenha sido a intenção de David, mas seu título e subtítulo são um quiasmo. E eu gostei tanto disso que vou construir meu prefácio em torno disso. Um quiasmo (tirado da letra grega *chi*, que se parece com um X) é uma sequência de pensamentos em que o primeiro e o último membro correspondem, e o segundo e o penúltimo membro correspondem, e assim por diante, com um pensamento de articulação no meio. Portanto, o título do livro fica assim em um quiasmo:

Hábitos
　　espirituais:
　　　　Prazer em Jesus
　　　pela graça
　diária

Hábitos corresponde a *diária*. *Espirituais* corresponde a *graça*. E *prazer em Jesus* é a articulação. Isso está repleto de implicações que fazem valer a pena ler o livro de David.

O quiasmo, o livro e a teologia por trás dele exigem que deleitar-se em Jesus seja a articulação. Mas essa "articulação" significa apenas o ponto de virada no meio dos outros pensamentos. Sempre há muito mais que isso. Nesse caso, a articulação é o objetivo de todo o resto.

David está escrevendo um livro para ajudá-lo a deleitar-se em Jesus. Ao fazer isso, ele não está procurando ser "legal". Ele está procurando ser "bombástico". Sua maneira de pensar sobre prazer em Jesus é explosiva. Se você tem mais prazer em Jesus do que na vida (Mt 10.38), você viverá uma vida de entrega absoluta por Jesus, que fará o mundo maravilhar-se. Deleitar-se em Jesus não é algo como a cobertura do bolo; é como a pólvora em uma cápsula de projétil.

Deleitar-se em Jesus não é apenas uma transformação explosiva na maneira como vivemos; é também algo essencial para evidenciar a grandeza de Jesus. E é por isso que temos o Espírito Santo. Jesus disse que o Espírito veio para glorificá-lo (Jo 16.14). A missão principal do Espírito (e de seu povo) é mostrar que Jesus é mais glorioso do que qualquer outra coisa ou pessoa. Isso não pode ser feito por aqueles que acham este mundo mais agradável do que Jesus. Eles fazem o mundo parecer ótimo. Portanto, o objetivo final da vida cristã — e do universo — depende do povo de Deus deleitar-se no Filho de Deus.

Mas isso está além de nós. Nossos corações geralmente deleitam-se no mundo mais do que em Jesus. É por isso que a ideia de articulação — deleitar-se em Jesus — é cercada de ambos os lados pelas palavras *espirituais* e *graça*.

Espirituais
   Prazer em Jesus
Graça

Graça é a obra livre e soberana de Deus em fazer por nós o que não podemos fazer por nós mesmos, embora não mereçamos. *Espiritual* é a palavra bíblica para descrever o que foi realizado pelo Espírito Santo. "Espiritual" não significa religioso, místico, ou no estilo da nova era. Significa compelido e moldado pelo Espírito de Deus.

Portanto, o ponto é o seguinte: Deus todo-poderoso, por sua graça e por seu Espírito, não nos deixa sozinhos quando se trata de deleitar-nos em Jesus. Ele nos ajuda. Ele não diz "agrada-te do Senhor" (Sl 37.4) e depois simplesmente se afasta e observa para ver se conseguimos. Ele faz uma aliança conosco e diz: "Porei dentro de vós o meu Espírito e farei que andeis nos meus estatutos" (Ez 36.27). Ele causa o que ele comanda. Deleitar-se em Jesus não é opcional. É um dever. Mas também é uma dádiva — espiritual e graciosa.

Mas a dádiva vem através de meios. É por isso que *Espirituais* está ao lado de *Hábitos*, e *Graça* está ao lado de *Diária*.

> *Hábitos*
>   *espirituais:*
>   *Prazer em Jesus*
>   *pela graça*
> *diária*

A Bíblia não diz: "Deus está operando em vocês para realizar seus bons propósitos, *portanto*, fiquem na cama". Diz: "Desenvolvam a sua salvação, *porque* Deus está operando em vocês" (veja Fp 2.12-13). A obra de Deus não torna nosso trabalho desnecessário; torna-o possível. "Trabalhei muito mais do que todos eles; todavia, não eu, mas a graça de Deus comigo" (1Co 15.10). A graça não apenas perdoa nossas falhas; ela fortalece os nossos sucessos — como por exemplo, o de efetivamente deleitar-se em Jesus mais do que na vida.

Este livro é sobre hábitos capacitados pela graça e disciplinas capacitadas pelo Espírito. Esses são os meios que Deus concedeu, para que se beba da fonte da vida. Eles não conquistam o prazer. Eles o recebem. Eles não são pagamentos pelo prazer; são canais dele. O salmista não diz: "lhes *vende* bebida", mas: "na torrente das tuas delícias lhes *dás* de beber" (Sl 36.8). Mas todos nós desperdiçamos. Todos nós precisamos de inspiração e instrução sobre como beber — repetidamente. Habitualmente.

Se você nunca leu um livro sobre hábitos da graça ou disciplinas espirituais, comece com este. Se você é um amante veterano do rio de Deus, mas, por algum motivo, recentemente tem vagado sem rumo pelo deserto, este livro será um bom caminho de volta.

John Piper
desiringGod.org
Minneapolis, Minnesota

Prefácio

Não tenho a pretensão de que este seja o livro definitivo, ou algo próximo disso, sobre as disciplinas espirituais; ou melhor, "os meios de graça". Na verdade, fui intencional em manter as coisas relativamente breves. Pense nisso como uma introdução ou orientação. Muitas lições importantes foram deixadas para outros fornecerem em tratamentos mais extensos.[1] Em particular, meu anseio é ajudar os cristãos jovens e velhos a simplificar sua abordagem de seus vários hábitos pessoais de graça, ou disciplinas espirituais, destacando os três princípios-chave da graça contínua: ouvir a voz de Deus (sua palavra), ser ouvido por ele (oração) e pertencer ao seu corpo (comunhão).

Essa abordagem simplificada e muitas das ideias desenvolvidas nas páginas a seguir foram forjadas primeiro na sala de aula do Bethlehem College & Seminary, onde ensinei "as disciplinas" para os estudantes do terceiro ano. Em seguida, fiz um esforço para colocar os conceitos que os alunos pareciam achar mais úteis em forma de artigo no desiringGod.org.

---

1 Particularmente, como você verá ao longo do livro, sou devedor a três textos que recomendo fortemente; dois velhos amigos e um novo: Donald S. Whitney, *Disciplinas espirituais* (São Paulo: Editora Batista Regular, 2021); John Piper, *Quando eu não desejo Deus* (São Paulo: Cultura Cristã, 2018); e Timothy Keller, *Oração: experimentando intimidade com Deus* (São Paulo: Vida Nova, 2015).

A resposta foi encorajadora e a editora Crossway foi bastante gentil em oferecer a oportunidade de reunir os pensamentos e apresentá-los desta forma.

Este volume é intencionalmente metade do tamanho da maioria dos outros sobre as disciplinas espirituais. Espero que alguns leitores passem daqui para os livros maiores. Mas eu queria fornecer algo mais curto, e ainda assim cobrir os tópicos principais, na esperança de tornar uma abordagem simplificada dos meios de graça acessível a outros que não se interessariam pelos volumes maiores.

Contudo, as raízes deste livro remontam a muito antes de ensinar na faculdade e escrever artigos. As sementes foram plantadas mais cedo do que consigo me lembrar por meus pais e pela igreja da infância em Spartanburg, Carolina do Sul. Todas as manhãs, papai acordava para ler sua Bíblia e orar antes de ir para o consultório odontológico, e mamãe normalmente deixava sua Bíblia aberta na mesa da sala de jantar e meditava nela durante o dia. Frequentemente, eu ouvia atualizações sobre os fundamentos em diversos níveis de detalhe e profundidade nas classes de crianças e adolescentes na igreja.

Na faculdade, por meio do ministério Campus Outreach,[2] fui discipulado ao longo dos semestres e moldado por projetos de treinamento de verão. Quando eu era ainda calouro, um discipulador me apresentou os ensinos do livro *Disciplinas espirituais*, de Donald S. Whitney. Comecei a ensinar "como ter um momento devocional" para alunos mais jovens no contexto do discipulado individual, e depois continuei a fazê-lo

---

2 N. E.: Campus Outreach é uma rede global de ministérios trabalhando através de igrejas locais para alcançar e desenvolver a próxima geração de líderes centrados em Cristo em campus universitário.

na equipe do Campus Outreach em Minneapolis. Essas experiências eventualmente me levaram a instruir calouros na faculdade em Bethlehem.

Devo mencionar a influência incalculável de John Piper, com quem trabalho de perto desde 2006. Para aqueles que conhecem seu ministério de pregação e escrita, as impressões digitais de John serão inconfundíveis nestas páginas, tanto em citações explícitas quanto em estruturas de pensamento e inspirações que não consigo disfarçar, nem gostaria. Seu livro de 2004, *Quando eu não desejo Deus*, é o lugar para encontrar seu ensino prático mais concentrado sobre a dieta da leitura da Bíblia e a oração; mas as pepitas de ouro sobre os meios de graça e seus próprios hábitos estão espalhadas por toda a sua obra, especialmente em seus sermões de ano novo sobre a Bíblia e oração, disponíveis em desiringGod.org, e suas respostas ao grande número de perguntas práticas que chegam através do podcast diário *Ask Pastor John*.[3]

Logo após receber o convite para publicar este livro, li *Oração: experimentando intimidade com Deus*, de Timothy Keller. Você verá na parte 2, sobre a oração, que já estou colhendo muito das reflexões de Keller e recomendo bastante seu livro. Minha esperança é que o pouco que tenho a dizer sobre a oração aponte na direção certa e, então, o mais cedo possível, que você a leve ao próximo nível, e além, com o guia notável de Keller.

---

3 N. E.: Traduzido em português pelo Ministério Fiel como *Pastor John responde*, disponível em www.voltemosaoevangelho.com/blog/serie/john-piper-responde/

COMO ESTE LIVRO É DIFERENTE

Eu avidamente recomendo a você os textos mais longos sobre as disciplinas, mas isso não significa que escrevi este livro apenas como um resumo, sem nada distinto para contribuir. Talvez a principal característica distintiva deste livro, além de sua brevidade, seja o esquema organizacional tríplice que já observamos. Aqui apresentamos as disciplinas não como dez ou doze (ou mais) práticas distintas para trabalhar em sua vida, mas como três princípios-chave (a voz de Deus, o ouvido de Deus e o povo de Deus), que então são encarnados em inúmeros hábitos criativos e úteis na diversidade das vidas dos crentes em seus diferentes contextos.

Em particular, essa estrutura restaura a comunhão como meio de graça ao seu lugar essencial na vida cristã. Os livros de Piper, Keller e Whitney enfocam disciplinas pessoais e não incluem seções extensas, muito menos um capítulo completo, sobre o papel da comunhão.[4] Ao estruturar este livro em três partes, práticas semelhantes podem ser agrupadas e compreendidas em conjunto, de modo que os capítulos individuais são mais curtos e projetados para serem lidos de uma só vez. Minha esperança é que isso o ajude a mover-se em direção à aplicação em suas próprias práticas, deixando claro que o objetivo não é praticar em todos os momentos da caminhada cristã cada disciplina específica abordada, mas entender os principais caminhos da graça contínua e buscar criar hábitos regulares para esses princípios em sua vida.

---

4 Whitney fez um grande esforço para compensar isso com *Spiritual disciplines within the Church: Participating fully in the body of Christ* (Chicago: Moody, 1996).

A pedido da editora, escrevi um guia de estudos para acompanhar este livro, para aqueles que desejam aprofundar suas reflexões e aplicações. Ele é projetado tanto para estudo individual quanto em grupo e está disponível em formato de livro de exercícios.

Minha oração é que você não se exaspere por simplesmente não ter tempo para colocar em prática tudo o que este livro recomenda. Em vez disso, em sua própria estrutura, o livro visa ajudá-lo a ver como pode ser realista e vivificante integrar os meios de graça de Deus aos hábitos diários da vida.

E, juntamente com a ênfase na comunhão, este livro também espera tornar a busca da alegria mais central, explícita e notável do que tem sido o caso em muitos textos sobre as disciplinas.

MEU SONHO E ORAÇÃO POR VOCÊ

Enquanto você lê, minha oração é que você perceba os meios de graça como sendo práticos, realistas e desejáveis em sua busca pela alegria em Cristo. Espero que haja muitas coisas aqui benéficas para o público cristão em geral, mas que haja um apelo especial para estudantes universitários e jovens adultos que estão aprendendo a voar por si mesmos, pela primeira vez, nos vários ritmos e práticas da vida cristã.

Meu sonho é que este livro sirva a você com simplicidade, estabilidade, confiança, poder e alegria. *Simplicidade*, pois, olhar para os meios de graça em três canais principais, irá ajudá-lo a entender o manancial da graça para viver a vida cristã e criar caminhos práticos (seus próprios hábitos) que sejam realistas e vivificantes em sua época única de vida.

Estabilidade, pois conhecer melhor sua própria alma e criar ritmos e práticas irá ajudar você a resistir aos altos e baixos da vida neste mundo decaído, com o contentamento que vem, em certa medida, de nos conhecermos e aprendermos maneiras pelas quais podemos ajudar a restabelecer "as mãos descaídas e os joelhos trôpegos", e fazer "caminhos retos para os pés" (Hb 12.12-13), e a guardar-nos "no amor de Deus" (Jd 21). *Confiança*, pois, ao andar por esses caminhos, você verá como Deus é fiel em nos sustentar e nos dar "graça para socorro em ocasião oportuna" (Hb 4.16). *Poder*, pois, ouvir a sua palavra, ser ouvido por ele e pertencer ao seu corpo, enche as nossas almas de energia espiritual e força para nos derramarmos no ministério e na missão. E *alegria*, para satisfazer nossos anseios mais profundos, que só serão realizados em sua plenitude quando virmos o Deus-homem face a face e vivermos em perfeita comunhão com ele e com todos os nossos irmãos, para sempre.

A nota que tocaremos repetidamente, sem qualquer desculpa, é que os meios de graça, encarnados em nossos vários hábitos de graça, devem ser para nós *meios de alegria* em Deus e, portanto, meios de sua glória. Logo, a simplicidade, estabilidade, confiança, poder e alegria do próprio Deus estão por trás desses meios. Esses são os caminhos de sua promessa. Ele está pronto para derramar sua graça maravilhosamente extravagante e exuberante por meio desses canais. Você está pronto?

INTRODUÇÃO
Graça indomada

A graça de Deus está à solta. Contrariando nossas expectativas, invertendo nossas suposições, frustrando nosso senso de juízo e zombando de nosso desejo de controle, a graça de Deus está virando o mundo de cabeça para baixo. Deus está derramando sem acanhamento o seu exuberante favor sobre pecadores indignos de todos os matizes e removendo completamente a nossa autossuficiência.

Antes de voltarmos nosso foco para "os meios de graça" e as práticas ("hábitos") que nos dispõem para seguir recebendo a graça de Deus em nossas vidas, isto deve ficar claro desde o início: A graça de Deus está gloriosamente além de nossa habilidade e técnica. Os meios de graça não têm a ver com ganhar o favor de Deus, constrangê-lo ou controlar sua bênção, mas com preparar-nos para nos saturarmos de forma consistente no fluxo de sua maré.

A graça se move desde antes da criação, vagando livre e desimpedida. Mesmo antes da fundação do mundo, foi a graça indomada de Deus que ultrapassou os limites do tempo e do espaço e considerou um povo ainda a ser criado em conexão com seu Filho, e nos escolheu nele (Ef 1.4). Foi por amor — para louvor de sua gloriosa graça — que "nos predestinou para ele, para a adoção de filhos, por meio de Jesus Cristo" (Ef 1.5).

Essa escolha divina não foi baseada em nenhuma presciência de que haveria algo de bom em nós. Ele nos escolheu pela graça — "E, se é pela graça, já não é pelas obras; do contrário, a graça já não é graça" (Rm 11.6). "Não segundo as nossas obras, mas conforme a sua própria determinação e graça que nos foi dada em Cristo Jesus, antes dos tempos eternos" (2Tm 1.9).

Com paciência, então — por meio da criação, queda e dilúvio, por meio de Adão, Noé, Abraão e o rei Davi — Deus preparou o caminho. A humanidade esperou e gemeu, juntando as migalhas de sua compaixão como um antegozo de algum banquete por vir. Os profetas "profetizaram acerca da graça a vós outros destinada" (1Pe 1.10). E na plenitude do tempo, ela veio. Ele veio.

INVADINDO NOSSO ESPAÇO

Agora, "a graça de Deus se manifestou" (Tt 2.11). A graça não pôde ser impedida de se tornar carne e habitar entre nós no homem-Deus, cheio de graça e verdade (Jo 1.14). De sua plenitude, todos nós recebemos graça sobre graça (Jo 1.16). A lei foi dada por meio de Moisés, mas a graça e a verdade estão nele (Jo 1.17). A graça tem um rosto.

Mas a graça não seria restringida nem mesmo aqui, mesmo nesse homem. A graça não seria apenas encarnada, mas quebraria as correntes para vagar pelo globo sem restrições. Foi a pura graça que por meio da fé nos uniu a Jesus, a Graça Encarnada, e nos abençoou nele "com toda sorte de bênção espiritual nas regiões celestiais" (Ef 1.3). Na graça fomos chamados eficazmente (Gl 1.6) e recebemos novo nascimento em nossas almas. Por causa da imensurável, ilimitada e livre graça, agora nossos corações antes mortos batem e nossos pulmões sem vida respiram. Somente pela graça cremos (At 18.27) e somente na graça recebemos "arrependimento" para conhecermos "plenamente a verdade" (2Tm 2.25).

Mas essa graça indomada continua. Recebemos o Espírito da graça, experimentamos nossa adoção há muito planejada e podemos clamar "Aba, Pai" (Rm 8.15). Recebemos "a remissão dos pecados, segundo a riqueza da sua graça" (Ef 1.7).

A graça continua rompendo barreiras e destruindo restrições. *A graça justifica*. Uma justiça perfeita, irrevogável, divinamente aprovada e humanamente aplicada é nossa nessa união com Jesus. Somos justificados por sua graça como um dom (Rm 3.24; Tt 3.7). Por meio desse único homem, Jesus, somos contados entre "os que recebem a abundância da graça e o dom da justiça" (Rm 5.17). E assim dizemos alegremente com Paulo: "Não anulo a graça de Deus; pois, se a justiça é mediante a lei, segue-se que morreu Cristo em vão" (Gl 2.21).[5]

INVADINDO NOSSAS VIDAS

E quando pensamos que já fomos levados longe o bastante, que Deus fez por nós tudo o que podíamos imaginar e muito mais, a graça surpreende novamente. *A graça santifica*. Ela é indômita demais para permitir que continuemos amando a injustiça. Livre demais para nos deixar na escravidão do pecado. Indomável demais para deixar nossa lascívia invicta.

---

5 Para mais informações sobre a justificação pela fé somente e, em particular, como ela se relaciona com a santificação e a busca do cristão por crescimento e santidade na vida cristã, consulte "The Search for Sanctification's Holy Grail" em John Piper e David Mathis (org.), *Acting the miracle: God's work and ours in the mystery of sanctification* (Wheaton, IL: Crossway, 2013), p. 13–27 [edição em português: *O mistério da santificação* (São Paulo: Cultura Cristã, 2015)].

O poder da graça é efusivo demais para não nos libertar para a felicidade da verdadeira santidade.

É assim que crescemos na graça e no conhecimento de nosso Senhor e Salvador Jesus Cristo" (2Pe 3.18) e vivemos não debaixo da lei, mas debaixo da graça (Rm 6.14). A graça abunda não por continuarmos no pecado, mas por meio de nossa libertação contínua, capacitada pelo Espírito (Rm 6.1). A graça é muito forte para nos deixar passivos, muito potente para nos deixar chafurdar na lama de nossos pecados e fraquezas. "A minha graça te basta", diz Jesus, "porque o poder se aperfeiçoa na fraqueza" (2Co 12.9). É a graça de Deus que nos dá seus "meios de graça" para nossa contínua perseverança, crescimento e alegria neste lado da nova criação que está por vir. E a graça de Deus inspira e capacita os vários hábitos e práticas pelas quais nos valemos dos meios providos por Deus.

INUNDANDO O FUTURO

Justamente quando temos certeza de que já é o bastante e de que alguma ordem deve ser restaurada e alguns limites estabelecidos, a graça de Deus não apenas inunda nosso futuro nesta vida, mas também cruza a fronteira com a próxima, e se derrama nas planícies de nossa eternidade. *A graça glorifica.*

Se as Escrituras não fossem tão claras sobre essa história da nossa glória, ficaríamos com medo até de sonhar com tal graça. Não apenas Jesus será glorificado em nós, mas nós seremos glorificados nele, "segundo a graça do nosso Deus e do Senhor Jesus Cristo" (2Ts 1.12). Ele é "o Deus de toda a graça, que em Cristo vos chamou à sua eterna glória" (1Pe 5.10).

Portanto, Pedro nos diz: "esperai inteiramente na graça que vos está sendo trazida na revelação de Jesus Cristo" (1Pe 1.13). Será indescritivelmente impressionante nos séculos vindouros, quando ele mostrar "a suprema riqueza da sua graça, em bondade para conosco, em Cristo Jesus" (Ef 2.7). Mesmo os mais maduros de nós apenas começaram a provar a graça de Deus.

Escolhidos antes do tempo. Chamados eficazmente. Unidos a Jesus em fé e arrependimento. Adotados e perdoados. Justificados. Santificados. Glorificados. E satisfeitos para sempre. Esta é a graça que se tornou maravilhosamente indomada. Este é o dilúvio do favor de Deus, no qual descobrimos o poder e a prática dos meios de graça.

COLOQUE-SE NO CAMINHO DA GRAÇA DE DEUS

É nesse mar infinito de sua graça que percorremos o caminho da vida cristã e damos passos de esforço e iniciativa, capacitados pela graça. Funciona mais ou menos assim:

Posso ligar um interruptor, mas não forneço a eletricidade. Posso abrir a torneira, mas não faço a água correr. Não haverá luz nem água fresca sem que alguém as forneça. E assim é para o cristão com a contínua graça de Deus. Sua graça é essencial para nossa vida espiritual, mas não controlamos seu suprimento. Não podemos fazer o favor de Deus fluir, mas ele nos deu circuitos para conectar e canos para abrir com expectativa. Existem caminhos pelos quais ele prometeu seu favor.

Como já celebramos, nosso Deus é generoso em sua graça; ele é livre para dispensar liberalmente sua bondade, sem o mínimo de cooperação e preparação de nossa parte, e frequentemente o faz. Mas ele também tem seus canais regulares. E podemos rotineiramente nos valer desses caminhos revelados de bênçãos — ou negligenciá-los para nosso prejuízo.

ONDE A GRAÇA PASSA CONSTANTEMENTE

"A essência da vida cristã", escreve John Piper, "é aprender a lutar pela alegria, de forma que essa luta não substitua a graça". Não podemos ganhar a graça de Deus ou fazê-la fluir à parte de seu dom gratuito. Mas podemos nos posicionar para continuar recebendo, à medida em que ele continua a nos concedê-la. Podemos "lutar para andar nos caminhos onde ele prometeu suas bênçãos".[6] Podemos nos dispor a permanecer receptivos em suas rotas regulares, às vezes chamadas de "disciplinas espirituais" ou, melhor ainda, "meios de graça".[7]

Essas práticas não precisam ser extravagantes ou pomposas.[8] Elas são o material do cristianismo básico do dia a dia — inexpressivamente ordinárias, mas espetacularmente potentes pelo Espírito. Embora não haja uma lista final e completa de tais práticas, a longa contagem de hábitos úteis pode ser agrupada sob três princípios principais: ouvir a voz

---

6 John Piper, *Quando eu não desejo Deus* (São Paulo: Cultura Cristã, 2018), p. 41–42.
7 Eu prefiro "meios de graça" a "disciplinas espirituais". Em certo sentido, este é um livro essencialmente preocupado com o que muitos chamariam de "disciplinas espirituais" cristãs. No entanto, acho que a linguagem dos "meios de graça" é mais coerente com a teologia bíblica sobre essas práticas e ajuda a manter as ênfases principais em seus devidos lugares. "Meios de graça", de acordo com D. A. Carson, é "uma bela expressão, menos suscetível à má interpretação do que disciplinas espirituais". D. A. Carson, "Editorial: Spiritual Disciplines", *Themelios* 36, n° 3 (2011), www.thegospelcoalition.org/themelios/article/spiritual-disciplines/.
8 Como veremos, os meios de graça são, antes e acima de tudo, princípios, que podem ser concretizados em incontáveis práticas criativas ("hábitos").

de Deus, ser ouvido por ele e pertencer a seu corpo. Ou simplesmente: palavra, oração e comunhão.⁹

Na última geração, vimos certo ressurgimento do interesse dos cristãos pelas disciplinas espirituais, muitas das quais foram consideradas "meios de graça" por nossos ancestrais espirituais. "A doutrina das disciplinas", diz J. I. Packer, "é na verdade uma reafirmação e extensão do ensino protestante clássico sobre os meios de graça".¹⁰ Qualquer que seja o termo, o importante é que Deus revelou certos canais pelos quais ele regularmente derrama seu favor. E somos tolos em não confiar em sua palavra sobre isso e construir hábitos de vida espiritual ao redor deles.

O QUE MEIOS DE GRAÇA SIGNIFICAM E NÃO SIGNIFICAM

Unir *meios* com *graça* pode colocar em risco a natureza livre da graça. Mas não precisa ser assim — não se os meios estiverem

---

9 John Frame, *Systematic Theology* (Phillipsburg, NJ: Presbyterian and Reformed Publishing, 2013), organiza os meios de graça sob esses três títulos. Essa forma de categorizar está próxima ao resumo de Lucas sobre a vida da igreja primitiva em Atos 2.42: "E perseveravam na doutrina dos apóstolos [palavra] e na comunhão, no partir do pão [que categorizamos como comunhão] e nas orações". J. C. Ryle oferece um sistema semelhante de categorização quando escreve: "Quando falo em 'meios', tenho em vista a leitura da Bíblia, a oração privada, a frequência regular à adoração pública, o ouvir constante da Palavra de Deus e a participação regular na Ceia do Senhor. Afirmo como fato que ninguém que se descuida quanto a esses exercícios pode conseguir grande progresso no caminho da santificação. Não tenho descoberto registro de qualquer grande santo de Deus que se tenha mostrado negligente para com estes assuntos. Essas disciplinas são canais determinados, através dos quais o Espírito Santo transmite sempre novos suprimentos da graça à alma crente, fortalecendo a obra que Ele já iniciara no homem interior [...] Deus opera através de meios e ele nunca abençoará uma alma que finja ser tão elevada e espiritual que possa dispensar esses exercícios" [J. C. Ryle, *Santidade: Sem a qual ninguém verá o Senhor* (São José dos Campos: Editora Fiel, 2009), p. 49].

10 Prefácio de Donald S. Whitney, *Spiritual Disciplines for the Christian Life*, ed. rev. (Colorado Springs: NavPress, 2014), p. ix–x [edição em português: *Disciplinas espirituais* (São Paulo: Editora Batista Regular, 2021)].

coordenados com receber e os esforços forem graciosamente supridos. Este é enfaticamente o caso do cristão. Aqui não há ocasião para vanglória.[11]

Aquele em quem nos apoiamos é "o Deus de toda a graça" (1Pe 5.10). Ele não apenas elege os indignos sem condições (Rm 8.29-33; Ef 1.4) e opera neles o milagre do novo nascimento e o dom da fé, mas também livremente os declara justos por essa fé ("justificação") e começa a fornecer o fluxo de vida espiritual e energia para experimentar a alegria de aumentar nossa semelhança com Cristo.

Como vimos, o imenso dilúvio da graça de Deus não apenas nos vê como santos em Cristo, mas também produz progressivamente desejos santos em nós ("santificação"). É graça sermos perdoado de atos pecaminosos, e é graça sermos supridos de desejos puros em nosso coração. É graça que estejamos cada vez mais "conformes à imagem de seu Filho" (Rm 8.29), e é graça que ele não nos deixe na miséria do nosso pecado, mas prometa completar a boa obra que começou em nós (Fp 1.6).

---

11 Além da tradição reformada da teologia cristã, quero dizer algo distintamente protestante por "meios de graça". Não acredito que os vários "meios de graça" funcionem automaticamente (*ex opere operato*, na tradição católica), mas são os caminhos de bênção prometidos por Deus quando recebidos com fé consciente e ativa em Deus como o doador por meio de Jesus Cristo. A graça, então, não é dispensada pela igreja, mas pelo próprio Jesus. Como escreve o teólogo escocês James Bannerman: "Não é a Igreja que governa e dispensa as ordenanças e as graças espirituais em nome dele, por terem sido dele os dons e dádivas originais que ela recebeu, mas é Cristo que, pessoalmente presente, governa e administra as ordenanças e a bênção por meio da Igreja. A igreja não tem um estoque de vida à parte de Cristo, se ele não estiver nela; as ordenanças da Igreja não têm um depósito da graça à parte da presença de Cristo com elas; os ministros da igreja não têm nenhum dom de poder, ou autoridade, ou ação se Cristo não governar e agir por meio deles." James Bannerman, *A igreja de Cristo* (Recife: Os puritanos, 2014), loc. 4242 (ebook Kindle).

Para a glória de Deus, o bem do próximo e a satisfação de nossas almas, o objetivo da vida cristã é participar dessa semelhança com Cristo, ou da piedade, que é a "santidade" corretamente entendida. E todos os nossos esforços para atingir esse objetivo são dádivas da graça.

EXERCITE-SE NA PIEDADE

Sim, é graça e, sim, nos esforçamos. Assim o apóstolo Paulo diz ao seu protegido: "Exercita-te, pessoalmente, na piedade" (1Tm 4.7). Discipline-se para crescer. Aja regularmente para ter mais de Deus em sua mente e coração, e ecoar seus caminhos em sua vida, o que o tornará cada vez mais parecido com ele ("piedade"). É um presente que recebemos à medida que nos tornamos assim.

A própria confiança de Paulo em Deus para obter graça contínua é um poderoso testemunho dessa dinâmica cristã dos meios de graça e dos hábitos de vida que cultivamos. Ele diz em 1 Coríntios 15.10: "pela graça de Deus, sou o que sou; [...] trabalhei muito mais do que todos eles; todavia, não eu, mas a graça de Deus comigo". A graça de Deus não tornou Paulo passivo, mas forneceu a energia para a disciplina e o esforço, e cada grama de energia despendida foi toda devido à graça.

E Paulo diz em Romanos 15.18: "Porque não ousarei discorrer sobre coisa alguma, senão sobre aquelas que Cristo fez por meu intermédio". A graça de Jesus, neste caso, não significa cumprir seu propósito apesar de Paulo, ou separado dele, mas *por meio* dele. Onde o apóstolo obtém força para trabalhar e despender tanto esforço espiritual? "eu também me afadigo, esforçando-me o mais possível, segundo a sua eficácia que opera eficientemente em mim" (Cl 1.29).

COMO RECEBER O DOM DO ESFORÇO

Essa dinâmica é verdadeira não apenas porque Paulo é um apóstolo, mas porque ele é um cristão. Portanto, ele diz a cada crente: "desenvolvei a vossa salvação com temor e tremor", por causa desta grande promessa: "porque Deus é quem efetua em vós tanto o querer como o realizar, segundo a sua boa vontade" (Fp 2.12-13). E assim a majestosa epístola aos Hebreus termina com uma oração para que Deus esteja "operando em vós o que é agradável diante dele" (Hb 13.21).

A maneira de receber o dom de Deus capacitando nossas ações é realizando as ações. Se ele dá o presente do esforço, recebemos esse presente *fazendo* o esforço. Quando ele dá a graça de crescer em santidade, não recebemos esse dom a não ser nos tornando mais santos. Quando ele nos dá o desejo de obter mais dele nas Escrituras, ou em oração, ou entre seu povo, não recebemos esse dom sem desejar e viver as buscas que fluem dele.

COLOQUE-SE NO CAMINHO DA ATRAÇÃO

Zaqueu pode ter sido um homenzinho pequeno, mas ele foi modelo dessa grande realidade, colocando-se no caminho da graça. Ele não podia forçar a mão de Jesus nem fazer a graça fluir automaticamente, mas ele podia se colocar pela fé no caminho por onde a graça estava vindo (Lc 19.1-10). O mesmo aconteceu com o cego Bartimeu (Lc 18.35-43). Ele não podia ganhar a restauração de sua visão, mas podia se posicionar na rota da graça, onde Jesus poderia dar sua dádiva ao passar por aquele caminho.

"Pense nas disciplinas espirituais", diz Donald S. Whitney, "como maneiras de nos colocarmos no caminho da graça de Deus e buscá-lo, como Bartimeu e Zaqueu se colocaram no caminho de Jesus e o buscaram".[12] Ou, como Jonathan Edwards afirmou, você pode "se esforçar para promover o apetite espiritual *colocando-se no caminho da atração*".[13] Não podemos forçar a mão de Jesus, mas podemos nos colocar nos caminhos da graça, onde podemos ficar na expectativa de sua bênção.

Os canais regulares da graça de Deus, como veremos, são sua voz, seu ouvido e seu corpo. Muitas vezes ele rega seu povo com favores inesperados. Mas, normalmente, a graça que mais aprofunda nossas raízes, que verdadeiramente nos faz crescer em Cristo, que prepara nossa alma para um novo dia, que produz maturidade espiritual duradoura e que aumenta a corrente de nossa alegria, flui dos caminhos comuns e ordinários de comunhão, oração e nutrição bíblica, expressos na prática em incontáveis formas e hábitos.

Embora esses hábitos simples de graça possam parecer tão banais quanto interruptores e torneiras comuns, por meio deles Deus está regularmente pronto para dar sua verdadeira luz e a água da vida.

O GRANDE FIM DOS MEIOS

Antes de começarmos a falar mais sobre a palavra de Jesus, seu ouvido e sua igreja nas páginas seguintes, precisamos deixar

---

12 Donald S. Whitney, *Spiritual Disciplines for the Christian Life*, ed. rev. (Colorado Springs: NavPress, 2014), p. 13 [edição em português: *Disciplinas espirituais* (São Paulo: Editora Batista Regular, 2021)].

13 "The Spiritual Blessings of the Gospel Represented by a Feast", em *Sermons and Discourses, 1723–1729*, Kenneth Minkema (ed.), *The Works of Jonathan Edwards* (New Haven: Yale University Press, 1997), vol. 14, p. 286. Grifo adicionado.

claro qual é a maior graça ao longo desses caminhos: o próprio Jesus. O grande objetivo dos meios é conhecê-lo e desfrutá-lo. A alegria final em qualquer disciplina, prática ou ritmo de vida verdadeiramente cristã é, nas palavras do apóstolo, a "sublimidade do conhecimento de Cristo Jesus, meu Senhor" (Fp 3.8). "E a vida eterna é esta", e este é o objetivo dos meios de graça: que te conheçam a ti, o único Deus verdadeiro, e a Jesus Cristo, a quem enviaste" (Jo 17.3).

No fim das contas, nossa esperança não está em ser leitor habilidoso da Bíblia, experiente na oração ou um membro fiel de igreja, mas em "me conhecer e saber que eu sou o Senhor e faço misericórdia, juízo e justiça na terra", como diz Jeremias 9.24. Assim, o nosso ânimo nos hábitos que desenvolvemos para ouvir cada palavra, fazer cada oração e participar de cada ato de comunhão é Oseias 6.3: "Conheçamos e prossigamos em conhecer ao Senhor". Conhecer e deleitar-se em Jesus é o objetivo de ouvir sua voz, ser ouvido por ele e pertencer ao seu corpo.

Os meios de graça, e suas muitas boas expressões, servirão para nos tornar mais semelhantes a ele, mas somente quando nosso foco retornar continuamente ao próprio Cristo, não à nossa própria semelhança com Cristo. É "contemplando a glória do Senhor" que "somos transformados, de glória em glória, na sua própria imagem, como pelo Senhor, o Espírito" (2Co 3.18). O crescimento espiritual é um efeito maravilhoso de tais práticas, mas em certo sentido é apenas um efeito colateral. O essencial é conhecer e deleitar-se em Jesus.

OS MEIOS DE GRAÇA E AS COISAS DA TERRA

Uma questão importante que nosso estudo levanta é como esses meios de graça se relacionam com o resto da criação de Deus. Em um sentido importante, toda a criação de Deus pode servir como meio de sua graça, não apenas sua palavra, oração e comunhão.[14] Meu amigo e colega pastor Joe Rigney habilmente aborda isso em *As coisas da terra: estimar a Deus ao desfrutar de suas obras*.[15] Seu capítulo sobre "Ritmos da piedade" se relaciona mais explicitamente com nosso foco nos meios de graça e seus hábitos. Ele escreve sobre "dois tipos diferentes de piedade, o que chamarei de piedade direta e piedade indireta".[16]

O foco de Rigney está no segundo tipo e em como podemos valorizar o Deus do céu nas coisas da terra, enquanto este livro aborda o primeiro: valorizar a Deus através de seus meios de graça designados, esses canais especiais pelos quais ele fornece bênçãos contínuas para sua igreja. Esse modelo duplo (piedade direta e indireta) serve bem ao projeto de Rigney, mas nossa inclusão da comunhão e não apenas da palavra de Deus e da oração como um meio de graça levanta um conjunto de questões: O cristianismo comunitário deve ser considerado piedade direta ou indireta? É direta quando estamos reunidos para adoração comunitária e indireta quando conversamos

---

14 A propósito, sua palavra não é apenas a "revelação especial" das Escrituras, mas também a "revelação geral" dos céus e de toda a criação. "Os céus proclamam a glória de Deus, e o firmamento anuncia as obras das suas mãos. Um dia discursa a outro dia, e uma noite revela conhecimento a outra noite" (Sl 19.1-2).

15 Joe Rigney, *As coisas da terra: estimar a Deus ao desfrutar de suas obras* (Brasília: Monergismo, 2017). John Piper também apresenta um capítulo sobre "Como usar o mundo na luta pela alegria", em *Quando eu não desejo Deus* (São Paulo: Cultura Cristã, 2018).

16 *As coisas da terra*, p. 139.

uns com os outros sobre as realidades do evangelho? Ou, ainda mais especificamente, é direta quando cantamos (para Deus) na adoração comunitária, mas indireta quando ouvimos um pregador? A participação na Ceia do Senhor é direta ou indireta? O conceito duplo funciona bem para a oração e meditação pessoal na Bíblia, por um lado, e para vocação e recreação, por outro, mas a clareza se quebra quando nos voltamos para a piedade comunitária, que não se encaixa bem como "direta" nem como "indireta".

Uma maneira de avançar, pelo menos para este livro, é considerar a "piedade comunitária" uma categoria própria, ao lado da piedade direta da meditação e oração pessoal da Bíblia e da piedade indireta de se envolver com as coisas da terra. Certamente, ter comunhão intencional com outros cristãos sobre as coisas do céu é fundamentalmente diferente de interagir com descrentes sobre esportes e o clima, ou mesmo com outros crentes, inclusive. Se adicionarmos uma terceira categoria e fizermos uma tríade, então este livro é composto principalmente de duas: piedade direta nas partes 1 e 2 e piedade comunitária na parte 3.[17]

SEUS HÁBITOS E A GRAÇA DE DEUS

Os meios de graça são os canais prometidos por Deus da graça contínua, recebida pela fé. A graça infinita está atrás de nós e, também, a graça infinita está à nossa frente, e por

---

17 O livro de Rigney, então, também enfoca dois dos três: piedade indireta e piedade comunitária. A piedade comunitária é a categoria que nossos projetos compartilham, enquanto o respectivo foco na direta ou indireta torna-os distintos. Eu recomendo fortemente o livro de Rigney a você para considerar como "as coisas da terra" podem servir como meios (gerais) da graça de Deus.

meio de seus meios de graça designados, Deus se apraz em fornecer vida e energia, saúde e força contínuas para nossas almas. Os meios de graça enchem nosso tanque para a busca da alegria, para o bem do próximo e para a glória de Deus. Eles são bênçãos *espirituais*, não as bênçãos *materiais* terrivelmente inoportunas, prometidas prematuramente no chamado "evangelho da prosperidade". E são *bênçãos*: não meras disciplinas, mas canais pelos quais Deus nos dá alimento espiritual para nossa sobrevivência, crescimento e prosperidade na missão.

Por mais de uma geração, temos visto uma renovação do interesse dos cristãos pelas disciplinas espirituais. Houve muita coisa boa nessa renovação. Mas muitos têm enfatizado a técnica e a habilidade, com a infeliz diminuição ou negligência do papel de Deus como fornecedor e provedor. Frequentemente, a ênfase está na iniciativa e no esforço do indivíduo, com pouco sendo dito sobre o lugar da igreja e a natureza comunitária do plano de Deus. Muito tem sido dito em termos de dever e muito pouco sobre alegria. E a aparente proliferação de longas listas de disciplinas pode deixar os jovens cristãos sobrecarregados pelo que não estão praticando e, em alguns casos, contribuir para um sutil sentimento de culpa que ameaça nos impedir de nos envolvermos totalmente com o resto de nossas vidas cotidianas para o qual essas práticas deveriam estar nos preparando.

Minha esperança em mudar o foco das disciplinas espirituais para os meios de graça — e então para os vários hábitos pessoais de graça que desenvolvemos à luz deles — é manter o evangelho e a energia de Deus no centro, incluir o aspecto comunitário essencial (e muitas vezes negligenciado), e simplificar a maneira como pensamos sobre essas práticas (em ouvir a voz de Deus, ser ouvido por ele e pertencer ao seu corpo). Minha oração é que esta abordagem ajude a tornar os meios de graça, e os próprios hábitos que você desenvolve em torno deles, não apenas acessíveis e realistas, mas verdadeiramente os meios de Deus para que você conheça e deleite-se em Jesus.

PARTE 1

Ouvir a voz de Deus — Palavra

CAPÍTULO 1
Molde sua vida com as palavras de vida

A vida cristã, do início ao fim, é totalmente dependente da graça de Deus. Não apenas entramos na vida espiritual por pura graça (At 18.27; Rm 3.24; Ef 2.5), mas é pela graça divina que continuamos (At 13.43). É pela graça de Deus que nossas almas sobrevivem a muitas provações (2Co 12.9; Hb 4.16), são fortalecidas para a vida cotidiana (2Tm 2.1; Hb 13.9) e crescem em maturidade e saúde (2Pe 3.18).

E é a graça de Deus que nos permite fazer escolhas e despender esforços para buscar mais de Deus (1Co 15.10). É uma dádiva desejarmos e agirmos para no beneficiar dos meios de graça de Deus: sua voz (a palavra), seu ouvido (oração) e seu povo (comunhão), com o princípio mais básico de graça sendo a imersão de nossas vidas em sua palavra.

A PALAVRA ORIGINAL

Antes de identificarmos a presença da voz de Deus em nossas vidas com os muitos bons hábitos de receber sua palavra — seja lendo e estudando a Bíblia, ouvindo sermões, meditando ou memorizando as Escrituras e muito mais

— primeiro vamos ver sua palavra como um princípio geral, antes das práticas específicas.

Antes de imprimi-la, encaderná-la e encapá-la com couro, considere o conceito da palavra de Deus. *Deus fala*. Ele se revela a nós. Ele se comunica conosco. Sua palavra, como diz John Frame, é "sua autoexpressão poderosa e autoritativa".[1] Assim como as palavras de um amigo são fundamentais para nos revelar sua pessoa, o mesmo ocorre com Deus.

Aquele que nos criou — e nos sustenta a cada momento (Cl 1.17; Hb 1.3) — expressou-se a nós em palavras humanas e é vital que o ouçamos. Os outros meios principais de sua graça (oração e comunhão), embora igualmente essenciais, não são tão fundamentais como este. Criação (Gn 1.3) e nova criação (2Co 4.6) começam ambas com a voz de Deus. Ele inicia, e o faz pela fala. Essa autoexpressão de Deus é tão profunda, rica e plena que não é apenas pessoal, mas uma pessoa.

A PALAVRA ENCARNADA

A autorrevelação completa e culminante de Deus ao homem é o Deus-homem, seu Filho (Hb 1.1-2). Jesus é "o Verbo" (Jo 1.1) e "o Verbo se fez carne" (Jo 1.14). Ele é aquele que de maneira mais completa e final "revelou" o Pai (Jo 1.18). Jesus é a autoexpressão culminante de Deus e diz sem qualquer engano ou floreio: "Quem me vê a mim, vê o Pai" (Jo 14.9).

Jesus é a Palavra de Deus corporificada. Ele é a graça de Deus encarnada (Tt 2.11). Tão plena e completa é sua revelação de Deus que *ele* não é uma "coisa-palavra", mas uma

---

[1] Este é um refrão comum na obra de Frame, mas a fonte principal seria seu livro sobre o tema, *A doutrina da Palavra de Deus* (São Paulo: Cultura Cristã, 2013).

pessoa-Palavra. Ele cumpriu o destino da humanidade em sua vida perfeita e morte sacrificial (Hb 2.9), ressuscitou em triunfo sobre o pecado e a morte, e agora se assenta à direita do Pai, com todas as coisas sendo colocadas em sujeição a ele (1Co 15.25-28). Ele é a Palavra divina-humana de que nossas almas precisam para sobreviver, ter força e crescer. Mas como acessamos essa Palavra, agora que ele está assentado nos céus?

A PALAVRA EVANGÉLICA

O uso mais frequente de *palavra* no Novo Testamento é em referência à mensagem do evangelho — a *palavra evangélica*, podemos chamá-la, ou a *palavra do evangelho* — a mensagem sobre Jesus, "a palavra de Cristo" (Cl 3.16). Para Paulo, as expressões "pregar a Cristo", "proclamar a Cristo" e "falar a palavra de Deus" são sinônimos (Fp 1.14-17). A missão de sua vida, Paulo diz, é "testemunhar o evangelho da graça de Deus" (At 20.24), que é "a palavra da sua graça" (At 20.32).

É "a palavra da verdade do evangelho" que não só vem a nós para conversão, mas também produz frutos e cresce (Cl 1.5). É "a palavra da verdade, o evangelho da vossa salvação" que muda tudo para os cristãos (Ef 1.13), e "a palavra da vida" à qual nos apegamos no meio de uma geração pervertida e corrupta (Fp 2.15-16). E, assim, na luta cristã pela alegria, John Piper escreve: "A estratégia central é a pregação do evangelho a nós mesmos [...] Ouvir a palavra da cruz e pregá-la a nós mesmos é uma estratégia central para os pecadores que lutam pela alegria."[2]

---

2 John Piper, *Quando eu não desejo Deus* (São Paulo: Cultura Cristã, 2018), p. 76, 86. Leia mais, no final deste capítulo, sobre a pregação do evangelho para si mesmo.

E conforme essa palavra do evangelho passa de boca em boca, de pessoa em pessoa, de povo em povo, de nação em nação, como *a mensagem* sobre Jesus permanecerá na mensagem? O que manterá a palavra falada fiel, verdadeira e transformadora? E como podemos evitar cair em vícios e seguir as mesmas velhas maneiras enlatadas de contar a mensagem?

A PALAVRA ESCRITA

Tendo vislumbrado o ápice da Palavra de Deus na pessoa e obra de Jesus e a prevalência da palavra de Deus em seu evangelho, agora chegamos ao lugar essencial, neste lado do céu, para a palavra de Deus escrita. Tão crucial para a vida espiritual quanto termos Deus em sua Palavra, Jesus, e termos Jesus em sua palavra, o evangelho, precisamos das Escrituras como a revelação inspirada, inerrante e infalível de Deus sobre si mesmo.

Sem a Bíblia, logo perdemos o verdadeiro evangelho, o verdadeiro Jesus e o verdadeiro Deus. Agora, se quisermos saturar nossas vidas com palavras de vida, devemos ser o povo do Livro. Isso não é uma prescrição necessária para que todo cristão tenha os mesmos hábitos específicos; mas é um apelo ao princípio de mergulhar nossas vidas na voz de Deus e diversificar o portfólio de pontos de acesso a ela. Antes de ponderar sobre os muitos e maravilhosos hábitos de graça que podem ser melhores para você em seu contexto e época de vida, coloque este princípio no lugar: desenvolva ritmos de vida que o ajudem a concentrar-se em ter a Palavra de Deus encarnada, pela palavra do evangelho de Deus, por meio da palavra escrita de Deus.

A PALAVRA ABRANGENTE

Com essa perspectiva da palavra de Deus em ação, incontáveis rotinas criativas podem surgir, seja ler a Bíblia em um ano, ou memorizar passagens ou livros inteiros, ou meditar em versículos ou parágrafos únicos, ou identificar e buscar aplicações incisivamente, ou ouvir sermões em podcasts, ou ler conteúdo biblicamente rico online, ou fazer cursos bíblicos, ou consumir livros cristãos, e assim por diante — e variando de vez em quando. As práticas potenciais são ilimitadas, mas o princípio por trás das práticas é este: O meio fundamental da graça contínua de Deus, por meio de seu Espírito, na vida do cristão e na vida da igreja é a autoexpressão de Deus em sua Palavra, no evangelho, perfeitamente guardado para nós e apresentado em todas as suas texturas, riquezas e matizes na palavra escrita e externa das Escrituras.

Ao considerarmos a leitura da Bíblia, o estudo, a meditação, a memorização, a aplicação e o aprendizado vitalício nos próximos capítulos — e o mais importante, ao colocar-se sob a pregação fiel da Bíblia, que vem na parte 3 — que Deus lhe dê a intenção de moldar suas semanas com sua palavra, habilidade para regar seus dias com sua voz e criatividade para pontuar sua vida e a vida daqueles ao seu redor com novas rotinas para usufruir regularmente de suas palavras vivificantes.

MAIS SOBRE COMO PREGAR PARA SI MESMO

Antes de prosseguirmos para considerar a nutrição bíblica em algumas de suas muitas formas, vamos voltar e falar um pouco mais sobre a pregação do evangelho para nós mesmos e sua função como meio de graça. Afinal, já vimos com Piper: "Ouvir a palavra da cruz e pregá-la a nós mesmos é uma estratégia central para os pecadores que lutam pela alegria."[3]

Em nosso pecado, constantemente descobrimos que nossas respostas à vida em nosso mundo decaído estão desconectadas da teologia que confessamos. Raiva, medo, pânico, desânimo e impaciência espreitam nossos corações e sussurram em nossos ouvidos um falso evangelho que atrairá nossas vidas para longe do que dizemos crer. O campo de batalha está entre nossas orelhas. O que está capturando seus pensamentos ociosos? Que medo ou frustração está preenchendo seus momentos livres? Você apenas ouvirá a si mesmo ou começará a falar? Ou melhor, pregar — não deixando que suas preocupações moldem você, mas formando suas preocupações pelo poder do evangelho.

Pregar o evangelho a nós mesmos é um hábito da graça que é tanto proativo quanto reativo. É reativo quando encontramos tentação e frustração e procuramos reabastecer no momento, ou quando refletimos sobre nossos pecados e circunstâncias e tentamos avaliá-los com as lentes do evangelho. Mas também é proativo. Partimos para a ofensiva quando alimentamos nossas almas em um ritmo regular, antes que os eventos, tarefas e decepções da vida diária comecem a fluir em nossa direção.

---

3 Ibid., p. 86.

Há uma diferença entre meramente nos lembrar da verdade e pregar para nós mesmos a verdade do evangelho. É verdade que dois mais dois são quatro. Mas isso faz muito pouco para alimentar nossas almas. O que precisamos não é apenas de verdade, mas *da* verdade, a mensagem do evangelho. O que a pregação do evangelho para nós mesmos requer é que paremos, relembremos alguma expressão do amor do Pai e do Filho e de sua provisão de bondade, resgate e alegria para nós, e busquemos conscientemente que essa verdade molde e permeie nossa realidade.

No que se refere às Escrituras, é importante notar que a autopregação do evangelho não é a mesma coisa que a leitura da Bíblia, embora as conexões e interdependências sejam profundas. As Escrituras, em certo sentido, fornecem o material para pregar a nós mesmos o evangelho da graça. Elas são o conteúdo a ser assumido e aplicado em nossas vidas, em vista da pessoa e obra de Jesus.

Apenas ouvir o mesmo evangelho enlatado, repetido indefinidamente, não fortalecerá adequadamente nossa alma a longo prazo. Nem sustentará nossa vida espiritual simplesmente receber informações sem vê-las à luz de Jesus e aplicá-las em nossos corações.[4]

---

4 Para uma lista de dez "versículos do evangelho" de uma frase e doze curtas "passagens do evangelho", consulte o final do capítulo 5. Para mais informações sobre a relação entre a absorção da Bíblia e a pregação para si mesmo, veja David Mathis e Jonathan Parnell, *How to Stay Christian in Seminary* (Wheaton, IL: Crossway, 2014), p. 38–40.

CAPÍTULO 2

Leia para amplitude, estude para profundidade

Há uma certa ciência para uma boa leitura da Bíblia. É importante conhecer os fundamentos da linguagem e da comunicação, os sujeitos, verbos, objetos e conjunções. Há muito a ganhar aprendendo alguns conceitos básicos da língua ou lendo sobre leitura.[1] É útil ter bons auxílios para o estudo da Bíblia, como visões gerais, introduções e comentários confiáveis (especialmente para os profetas do Antigo Testamento) e ter um bom senso de como as Escrituras são reunidas como um todo.

E, assim como aprendemos a andar de bicicleta com rodinhas de apoio, pode ser útil ter alguém explicando algum método simples de "estudo bíblico indutivo" com passos de observação, interpretação e aplicação. Abordagens rudimentares e memoráveis como essa proliferam nos círculos cristãos sérios sobre a Bíblia. Elas são um presente para nos ajudar a começar e chegar com alguma ideia do que fazer com um livro que, sem esse auxílio, poderia ser assustadoramente grande.

---

1 Por exemplo, Mortimer Adler e Charles Van Doren, *Como ler livros: O guia clássico para a leitura inteligente* (São Paulo: É Realizações, 2010) e Tony Reinke, *Lit! Um guia cristão para a leitura de livros* (Niterói: Concílio, 2019).

Mas o objetivo de aprender os pequenos fragmentos de ciência por trás de tudo é estar pronto para dançar quando a música começar a tocar. E o melhor da dança não é apenas ensinado em sala de aula, mas aprendido na prática.

A boa leitura bíblica não é mera ciência; é uma arte. A própria Bíblia é uma compilação especial de grandes artes. E a melhor maneira de aprender a arte de ler a Bíblia por si mesmo é esta: *leia você mesmo.*

PERGUNTE A UM SANTO IDOSO

Pergunte a um santo idoso e experiente que está lendo as Escrituras por si mesmo há décadas. Veja se ele tem uma formulação simples e clara de como faz sua leitura diária. Ele tem três ou quatro passos simples e memorizáveis que percorre conscientemente todos os dias? A resposta provavelmente será *não*; ele aprendeu com o tempo que há mais arte nisso do que qualquer coisa.

Ou, de maneira mais geral, pergunte: "Como você lê a Bíblia?" Você poderá ver em seu rosto que é uma pergunta difícil de responder. Não porque não existam algumas coisas "científicas" básicas, como o básico de leitura e compreensão, ou os vários padrões e métodos que ele desenvolveu para alimentar sua própria alma ao longo dos anos, mas porque ele aprendeu que muito em uma boa leitura bíblica é uma arte. É uma habilidade aprendida ao se engajar na tarefa, e não basicamente de se colocar sob uma instrução formal. E aqueles que mais leram a Bíblia são os que aprenderam melhor o ofício.

APRENDA A ARTE ATRAVÉS DA PRÁTICA

Nenhum autor bíblico nos dá qualquer acróstico simples e prático sobre como fazer a leitura bíblica diária. E você não encontrará nenhum neste capítulo. Isso pode parecer assustador para o iniciante que deseja assistência, mas em longo prazo se mostra maravilhosamente libertador. Pode ser uma grande ajuda ter rodinhas durante algum tempo, mas depois que você aprende a andar de bicicleta, essas coisinhas penduradas se tornam terrivelmente restritivas e limitantes.

No fim das contas, simplesmente não há nada que substitua encontrar um local e hora regulares, bloquear distrações, colocar seu nariz no texto e permitir que sua mente e coração sejam conduzidos, capturados e emocionados pelo próprio Deus comunicando-se conosco em suas palavras objetivas escritas.

Se você se sente desconfortável com as Escrituras e despreparado na arte da leitura bíblica, a coisa mais importante que pode fazer é adquirir o hábito regular de ler a Bíblia por si mesmo. Não há substituto para alguns minutos concentrados todo dia no texto. Você pode se surpreender com o quanto os pequenos pedaços somam a longo prazo.

Por mais que desejemos uma solução pronta, alguma lição rápida que nos torne quase especialistas em apenas alguns minutos, o melhor da leitura bíblica não se aprende da noite para o dia ou mesmo após um semestre de palestras, mas dia após dia, semana após semana, mês após mês, e ano após ano, absorvendo a Bíblia, deixando as palavras de Deus informarem nossas mentes, inspirarem nossos corações, instruírem nossas vidas. Então, lentamente vemos as luzes iluminando todos os lugares, à medida que caminhamos pela vida e continuamos caminhando pelos textos.

DESCUBRA A ARTE DA MEDITAÇÃO

Um conselho para qualquer plano de leitura bíblica, por mais ambicioso que seja, é o seguinte: não deixe que a pressão por marcar quadrinhos impeça você de se demorar em um texto, seja para tentar entendê-lo ("estudo") ou para se gloriar emocionalmente no que você entendeu ("meditação").

Pense em sua leitura bíblica como uma pesquisa regular da paisagem bíblica em busca de um local para se fixar por alguns momentos para meditar, que é o ponto alto e o momento mais rico de nutrição bíblica (mais sobre meditação no próximo capítulo). Busque amplitude (na leitura) e profundidade (no estudo), parando em algo que não entende, fazendo perguntas e dando respostas, consultando recursos e talvez capturando uma breve reflexão em palavras ou em um diagrama. Existe um lugar na leitura bíblica para "varrer" e juntar folhas rapidamente, mas quando "cavamos" no estudo bíblico, desenterramos os diamantes. Na meditação, admiramos as joias.

Ler a Bíblia é como assistir a um filme em tempo real. O estudo é como passar por um clipe quadro a quadro. A meditação, então, junto com a memorização das Escrituras (cap. 5), serve para nos demorarmos em quadros específicos e imprimir seu significado em nossos corações e em nossas vidas.

APRENDA A ENCONTRAR JESUS

Uma última coisa a dizer sobre a leitura da Bíblia como arte, não apenas ciência, é que Jesus ensinou seus apóstolos a ler as Escrituras de uma maneira que podemos descrever como artística. A parte científica da leitura da Bíblia é essencial, mas não exige uma leitura tão rígida, restrita e modernista que apenas as profecias mais explícitas e específicas se apliquem a Cristo, ou que o texto seja sempre "para os leitores originais" e nunca realmente para nós.

O próprio Jesus leu as Escrituras com muito mais habilidade — não inventando coisas, de maneira alguma, mas vendo com os olhos da fé o que realmente havia para se ver sob a superfície, fora da visão da mente natural. Essa leitura profunda é uma espécie de paladar adquirido por meio da prática regular, e não uma habilidade facilmente transferível; é desenvolver o paladar apostólico para encontrar Jesus ao longo das Escrituras, rastreando a trajetória da graça de Deus, em suas muitas texturas e cores, sem cair na descrença ou em invenções. É aprender com o apóstolo João que "o testemunho de Jesus é o espírito da profecia" (Ap 19.10).

"E, começando por Moisés, discorrendo por todos os Profetas", o próprio Jesus "expunha-lhes o que a seu respeito constava em todas as Escrituras" (Lc 24.27). Ele afirmou: "Abraão, vosso pai, alegrou-se por ver o meu dia, viu-o e regozijou-se" (Jo 8.56). Ele disse que Moisés "escreveu a meu respeito" (Jo 5.46), e que "importava se cumprisse tudo o que de mim está escrito na Lei de Moisés, nos Profetas e nos Salmos" (Lc 24.44). E então ele abriu suas mentes — para além de sua racionalidade estreita e decaída — para realmente entender as Escrituras (Lc 24.45).

À medida que aprendemos a ler a Bíblia não apenas com o lado esquerdo do cérebro, mas com toda a nossa mente e coração, vemos cada vez mais como os apóstolos ouviam os sussurros das Escrituras, e como viam indicações sobre Jesus em todos os lugares.

RESOLUÇÃO: LER A BÍBLIA

Quer você se sinta um iniciante ou um veterano grisalho, uma das coisas mais importantes que você pode fazer é ler regularmente a Bíblia por si mesmo.

É algo notável termos Bíblias que podemos ler pessoalmente, quando quisermos. Durante a maior parte da história da igreja, e ainda hoje em muitos lugares do mundo, os cristãos não tinham suas próprias cópias da Bíblia. Eles tinham que se reunir para ouvir alguém ler para eles. "Dedique-se à leitura pública das Escrituras" (1Tm 4.13, NAA) era tudo o que tinham, além da memória, para nutrição bíblica.

Mas hoje, com Bíblias impressas e opções eletrônicas em abundância, temos acesso inestimável às próprias palavras de Deus para nós, palavras que somos tragicamente tentados a não levar a sério. Ler seu próprio exemplar da Bíblia diariamente não é uma lei que todo crente deve obedecer; a maioria dos cristãos não teve essa opção. Mas o hábito da leitura diária da Bíblia pode ser um meio maravilhoso da graça de Deus. Por que perder essa fartura de bênçãos?

TODA ELA?

"Toda a Escritura", diz 2 Timóteo 3.16, "é inspirada por Deus e útil". Tudo na Escritura, de Gênesis 1 a Apocalipse 22, é para o bem da igreja. "Estas coisas lhes sobrevieram como exemplos e foram escritas para advertência nossa, de nós outros sobre quem os fins dos séculos têm chegado" (1Co 10.11). "Pois tudo quanto, outrora, foi escrito para o nosso ensino foi escrito, a fim de que, pela paciência e pela consolação das Escrituras, tenhamos esperança" (Rm 15.4).

Mas nem todo texto funciona para edificar nossa fé da mesma maneira ou tem o mesmo efeito para cada um dos filhos de Deus na nova aliança. É uma coisa maravilhosa ler a Bíblia toda. É algo que os pastores e professores na igreja deveriam considerar muito praticar anualmente, para fazer todos os dados bíblicos passarem diante de seus olhos e continuamente abastecerem suas reivindicações teológicas públicas. Mas este não é um jugo a ser imposto a todo cristão todos os anos (Embora seja bom para todo cristão tentar fazê-lo em algum momento, ou pelo menos ter algum plano plurianual para, eventualmente, ajudá-lo a ler toda a Bíblia em algum ciclo).

Para aqueles que estão considerando a jornada, é surpreendente como ela é viável. Ler a Bíblia de capa a capa leva cerca de setenta horas. "Isso é menos tempo do que o americano médio passa em frente à televisão todos os meses", observa Donald S. Whitney. "Em outras palavras, se a maioria das pessoas trocasse seu tempo na TV pela leitura das Escrituras, terminariam de ler a Bíblia inteira em quatro semanas ou menos. Se isso parece impraticável, considere o seguinte:

com menos de quinze minutos por dia, você pode ler a Bíblia em menos de um ano".[2]

Talvez o próximo ano novo, ou mesmo agora, seja seu momento de começar a jornada. Alguns de meus planos favoritos de leitura da Bíblia ao longo dos anos foram o de M'Cheyne e *The Kingdom*, além do meu preferido, do *Discipleship Journal*.[3]

Ou, se ler tudo em um ano parece fora de seu alcance, tente fazer um plano e cumpri-lo em seu próprio ritmo, mesmo que demore vários anos. Isso lhe dará um lugar específico para ir quando abrir a Bíblia, em vez de apenas abrir para algum texto aleatório e com o tempo vai lhe dar a confiança de que você atravessou todo o terreno das Escrituras e pelo menos vislumbrou toda a plenitude da revelação escrita de Deus para nós.

MAIS DO QUE APENAS VARRER

Até agora, falamos sobre a leitura da Bíblia. O hábito de ler apenas alguns minutos por dia pode nos ajudar muito em um tempo relativamente curto. Mas quando diminuímos o ritmo e estudamos, logo descobrimos que temos mais do que uma vida de trabalho pela frente. O estudo é um trabalho árduo.

---

[2] Donald S. Whitney, *Spiritual Disciplines for the Christian Life*, ed. rev. (Colorado Springs: NavPress, 2014), p. 29 [edição em português: *Disciplinas espirituais* (São Paulo: Editora Batista Regular, 2021)].

[3] O plano de leitura da Bíblia de M'Cheyne está disponível online em www.edginet.org/mcheyne/printables.html; *The Kingdom*, desenvolvido por Jason DeRouchie, em cdn.desiringgod.org/pdf/blog/3325_FINAL.DeRouchie.pdf; e o *Discipleship Journal*, do Navigators, em www.navigators.org/resource/discipleship-journal-bible-reading-plan/ (acesso em: 2 de maio de 2022).

N. E.: Veja planos de leitura bíblica em português no blog Voltemos ao Evangelho: www.voltemosaoevangelho.com/blog/2016/12/10-planos-de-leitura-biblica-e--orante/.

A diferença entre ler e estudar me faz pensar no trabalho de cuidado de um quintal.

Varrer é um trabalho relativamente fácil e pode melhorar a aparência do quintal no curto prazo. É tão fácil que até crianças de três anos podem ajudar, com um ancinho infantil da loja de ferragens do bairro.

Varrer pode deixar minhas costas um pouco doloridas no dia seguinte, mas não chega perto da escavação que fizemos para preparar nosso quintal da frente para um pequeno muro de contenção. Varrer, mesmo bastante, é razoavelmente indolor. Cavar, mesmo um pouco, pode ser exaustivo. Mas mover a terra pode ser gloriosamente recompensador. Pode melhorar muito mais um quintal do que apenas varrer as folhas — embora meu lado acomodado sempre prefira o ancinho.

ESCAVANDO PALAVRAS DIVINAS

Portanto, tanto a leitura quanto o estudo têm seu lugar na nutrição bíblica, e precisamos nos lembrar periodicamente de diminuir o ritmo, insistir e ir fundo ao ler a Bíblia. Sem dúvida, alguns cristãos tendem naturalmente a uma marcha mais lenta e precisam ser lembrados a buscar amplitude, manter o contexto mais amplo em vista e refletir sobre o quadro geral, não apenas versículos individuais como pequenas pílulas para a alma.

Mas alguns tendem a ficar na superfície. É menos desgastante, especialmente no início da manhã, antes do café, simplesmente ler, arranhando a superfície do texto, em vez de desacelerar, fazer perguntas e talvez até capturar algumas breves reflexões. Em um minuto, podemos terminar mais um capítulo e marcar mais uma caixinha da lista. Parece mais desafiador pegar um lápis ou abrir um computador e ir direto a um documento vazio para registrar pensamentos sem se deixar distrair por e-mails, mídias sociais ou qualquer outra coisa.

MELHORANDO NO ESTUDO BÍBLICO

Para o cristão que busca desenvolver a habilidade de alimentar sua alma com as palavras de Deus, simplesmente não há substituto para o mergulho diário. Sim, você pode aprender algumas habilidades e técnicas aqui ou ali, em uma sala de aula ou em um livro sobre estudo bíblico. Mas você não precisa do seminário para se deleitar regularmente nas Escrituras. A maioria dos melhores leitores e aplicadores da Bíblia no mundo tem pouco ou nenhum treinamento formal.

É como qualquer esporte. Nada substitui entrar em campo e jogar. Você pode falar sobre isso até certo ponto, mas a única maneira de realmente melhorar é jogando de verdade. Ouvir pregadores e professores talentosos e perspicazes é fundamental. Usar boas referências fornece ajuda importante[4]. Mas simplesmente não há nada que substitua estudar as Escrituras por conta própria, e fazê-lo a longo prazo.

NÃO ESQUEÇA SUA PÁ

Como pretendemos buscar alimento diariamente na despensa inesgotável, precisamos de uma dieta ampla e também profunda.

---

[4] Eu recomendo a *Bíblia de Estudo NAA* (Barueri, SP: Sociedade Bíblica do Brasil, 2018); D. A. Carson e Douglas J. Moo, *An introduction to the New Testament*, 2ª ed., (Grand Rapids, MI: Zondervan, 2005) [primeira edição em português: por D. A. Carson, Douglas J. Moo e Leon Morris, *Introdução ao Novo Testamento* (São Paulo: Vida Nova, 1997)] e Tremper Longman III e Raymond B. Dillard, *An introduction to the Old Testament*, 2ª ed. (Grand Rapids, MI: Zondervan, 2006) [primeira edição em português: *Introdução ao Antigo Testamento* (São Paulo: Vida Nova, 2006)].

Há espaço para ler livros bíblicos inteiros de uma vez só e espaço para se aprofundar em meio versículo. É preciso ter uma percepção crescente do cenário mais amplo de Jesus resgatando pecadores, bem como uma profundidade crescente nas pequenas peças que compõem esse grande cenário, para nos mantermos renovados na aplicação do evangelho em nossas vidas.

Sem varrer, não conheceremos a paisagem o suficiente para cavar nos lugares certos. E sem cavar e ter certeza de que a bandeira de nossa teologia está firmemente fincada em frases e parágrafos bíblicos específicos, nossos recursos logo secarão sem alimentar nossas almas com os diversos grãos e sabores.

DESCUBRA OS DIAMANTES

Na introdução de seu livro *Graça futura*, John Piper celebra o lugar da "reflexão pausada" e pede ao leitor que abra espaço para isso.

> Como é grande a riqueza procedente da demora na reflexão sobre uma ideia nova — ou uma nova expressão de um conceito antigo! Eu gostaria que este livro fosse lido da mesma forma que Paulo desejava a leitura de suas cartas por Timóteo: "Reflita no que estou dizendo, pois o Senhor lhe dará entendimento em tudo" (2Tm 2.7). Todo livro digno de ser lido acena com as palavras: "Reflita no que estou dizendo" [...] Quando meus filhos se queixam de que um bom livro é de difícil leitura, digo: "Rastelar é muito fácil; no entanto, tudo que se obtém são folhas; cavar é difícil, mas talvez achem-se diamantes.[5]

---
5 John Piper, *Graça futura* (São Paulo: Shedd, 2009), p. 17.

E se isso é verdade para todo livro digno de ser lido, quanto mais para o Livro de Deus. Vamos buscar a amplitude e juntar as folhas. E vamos cavar em profundidade e procurar os diamantes também.

O FATOR X NA LEITURA BÍBLICA

Antes de encerrar este capítulo sobre leitura e estudo bíblico, há um assunto importante e misterioso a abordar. Podemos chamá-lo de "fator X" na leitura e estudo da Bíblia.

A Bíblia não é um livro mágico, mas um poder estranho e enigmático se move quando buscamos as Escrituras. Algo influente, embora invisível, acontece quando ouvimos as palavras de Deus lidas ou faladas, e quando lemos ou estudamos. Algo sobrenatural, mas invisível, transparece quando vemos o texto diante de nós e o levamos para dentro de nossas almas. Alguém invisível se move.

Ele é uma força pessoal, totalmente divina e cheia de mistério — mais pessoal do que eu ou você, mas mesmo assim, um poder indomável e, em última análise, irresistível. Ele transforma o que parece simples em algo sobrenatural, conforme a leitura bíblica nos leva além do nosso controle.

Ele ama fortalecer as almas humanas de maneiras óbvias e sutis no encontro com a palavra de Deus, seja essa Palavra o Cristo encarnado, a palavra do evangelho da salvação para os pecadores ou a palavra escrita nas Escrituras.

Por mais que desejemos dominar o hábito da nutrição bíblica, traçando as linhas de causa e efeito de alguma ação que realizamos para algum resultado de satisfação de nossa alma, o Consolador resiste aos nossos esforços para objetificar a graça. Ele aguarda em silêncio. Ele opera misteriosamente, fora de nosso controle. Ele nos molda imperceptivelmente pela manhã para nos tornar quem precisamos ser à tarde e na semana que vem. Suas mãos agem sem deixar rastros, moldando nossas mentes, talhando nossos corações, burilando nossa vontade e lixando nossas calosidades.

Ele não apenas paira sobre as águas (Gn 1.2) e sobre todo o espaço criado, sempre pronto para executar a vontade do Pai e estender o reinado do Filho glorificado. Ele também paira com especial vigilância sobre a palavra divina — encarnada, falada ou escrita — pronto para despertar almas mortas, abrir olhos cegos e aquecer corações frios. Pronto para testemunhar sobre o Filho (Jo 15.26), pronto para glorificá-lo (Jo 16.14).

Foi por meio desse Consolador que o evangelho chegou até nós, não somente em palavra, mas, sobretudo, em poder (1Ts 1.5), e foi com sua alegria que recebemos a palavra em meio a muita tribulação (1Ts 1.6). Foi por ele que "Deus vos escolheu desde o princípio para a salvação, pela santificação" (2Ts 2.13).

Tendo ele em vista, Jesus disse à mulher samaritana: "Mas vem a hora e já chegou, em que os verdadeiros adoradores adorarão o Pai em espírito e em verdade; porque são estes que o Pai procura para seus adoradores. Deus é espírito; e importa que os seus adoradores o adorem em espírito e em verdade" (Jo 4.23-24).

É por meio dele que agora nos é revelada a "sabedoria de Deus em mistério, outrora oculta, a qual Deus preordenou desde a eternidade para a nossa glória" (1Co 2.7-10). Nosso Consolador é aquele que perscruta tudo, até as profundezas de Deus (1Co 2.10). Ninguém compreende os pensamentos de Deus, exceto nosso Ajudador (1Co 2.11). É a ele que os verdadeiramente nascidos de novo receberam "para que conheçamos o que por Deus nos foi dado gratuitamente" (1Co 2.12). E assim, quando comunicamos a mensagem e o ensino cristão, "disto também falamos, não em palavras ensinadas pela sabedoria humana", mas ensinadas por ele, "conferindo coisas espirituais com espirituais" (1Co 2.13).

Ele é o prometido, com quem fomos selados "depois que ouvistes a palavra da verdade, o evangelho da vossa salvação, tendo nele também crido" (Ef 1.13). A palavra de Deus é chamada de sua espada (Ef 6.17).

Quando ficamos a sós com a Bíblia, não estamos sozinhos. Deus não nos deixou à nossa própria sorte para entender suas palavras e alimentar nossas próprias almas. Não importa quão fraco seja seu treinamento ou quão irregular seja sua rotina, o Consolador está pronto. Leia o texto com a confiança de que Deus está preparado para abençoar seu ser com o seu próprio sopro.

Há mais do que podemos ver na leitura e estudo da Bíblia como hábito de graça. Existe uma variável que não podemos controlar. Um poder enigmático que não podemos comandar. Uma bondade misteriosa que só podemos receber.

Ele é o Espírito Santo.

CAPÍTULO 3

Aqueça-se no fogo da meditação

Fomos feitos para meditar. Deus nos projetou com a capacidade de parar e ponderar. Seu desejo é que não apenas o escutemos, não apenas leiamos rapidamente o que ele diz, mas que reflitamos sobre o que ele diz e processemos isso em nossos corações.

É uma característica distintamente humana parar e considerar, mastigar algo com os dentes de nossas mentes e corações, projetar alguma realidade em nossos pensamentos e aplicá-la profundamente em nossos sentimentos, olhar de ângulos diferentes e buscar uma noção melhor de seu significado.

O nome bíblico para essa arte é *meditação*, que Donald S. Whitney define como "pensamento profundo sobre as verdades e realidades espirituais reveladas nas Escrituras, para fins de compreensão, aplicação e oração".[1] Esse é um meio maravilhoso da graça de Deus na vida cristã; talvez a mais incompreendida e subestimada das disciplinas na igreja hoje. E é o ponto alto em receber a palavra de Deus.

---

1 Donald S. Whitney, Spiritual Disciplines for the Christian Life, ed. rev. (Colorado Springs: NavPress, 2014), p. 46 [edição em português: *Disciplinas espirituais* (São Paulo: Editora Batista Regular, 2021)].

MEDITAÇÃO, VERSÃO CRISTÃ

Uma vez que fomos feitos para meditar, não deveríamos nos surpreender ao descobrir que as religiões mundiais se apoderaram da atividade, e novas escolas tentam fazer uso de seus efeitos práticos, seja para cultivar a saúde mental ou reduzir a pressão arterial. A meditação cristã, entretanto, é fundamentalmente diferente da "meditação" popularmente cooptada por vários sistemas não cristãos. Ela não implica em esvaziar nossas mentes, mas sim enchê-las com substância bíblica e teológica — verdades exteriores a nós — e então mastigar esse conteúdo, até começarmos a sentir sua magnitude em nossos corações.

Para o cristão, meditação significa ter a palavra de Cristo habitando ricamente em nós (Cl 3.16). Não é, como a meditação secular, "não fazer nada e concentrar-se em sua própria mente ao mesmo tempo", mas é alimentar nossas mentes com as palavras de Deus e digeri-las lentamente, saboreando a textura, desfrutando o sumo, apreciando o sabor de um alimento tão rico. A meditação verdadeiramente cristã é guiada pelo evangelho, moldada pelas Escrituras, dependente do Espírito Santo e exercida em fé.

Nem só de pão viverá o homem, e a meditação é saborear lentamente a refeição.

MEDITAÇÃO DIA E NOITE

Talvez seja devido às múltiplas distrações da vida moderna e aos crescentes obstáculos da corrupção do pecado, mas a meditação é uma arte mais perdida hoje do que foi para nossos pais na fé. Lemos que "saíra Isaque a meditar no campo, ao cair da tarde" (Gn 24.63), e três dos textos mais importantes das Escrituras hebraicas, entre outros, convidam à meditação de tal forma que devemos sentar e prestar atenção — ou melhor, diminuir o ritmo, bloquear distrações e considerar seriamente a respeito.

O primeiro é Josué 1.8. Em um momento crucial na história da redenção, após a morte de Moisés, o próprio Deus fala a Josué e três vezes dá a diretriz clara: "Sê forte e corajoso" (Js 1.6, 7, 9). Como ele fará isso? Onde ele vai encher seu tanque com tal força e coragem? Na meditação. "Não cesses de falar deste Livro da Lei; antes, *medita nele dia e noite*" (Js 1.8).

Deus não quer que Josué esteja meramente familiarizado com o Livro, ou que ele leia seções dele rapidamente pela manhã, ou mesmo que ele apenas se aprofunde no estudo; mas que seja cativado por ele e construa sua vida sobre suas verdades. Seus pensamentos livres deveriam ir para lá, sua mente ociosa deveria se dirigir para ele. As palavras de instrução de Deus devem saturar sua vida, dar-lhe orientação, moldar sua mente, formar seus padrões, abastecer suas afeições e inspirar suas ações.

MEDITAÇÃO NOS SALMOS

Mais dois textos chave estão no primeiro salmo e no mais longo. O Salmo 1.1-2 ecoa a linguagem de Josué 1: "Bem-aventurado o homem [... cujo] prazer está na lei do Senhor, e na sua lei medita de dia e de noite". O bem-aventurado, o feliz, que se deleita na palavra de Deus, não se vale das palavras de vida apenas com uma leitura rápida e ampla, pontuada com blocos de estudo, mas "medita de dia e de noite".

E a meditação praticamente domina o Salmo 119 e sua celebração das palavras de Deus, com o salmista dizendo que medita "nos teus preceitos" (v. 15 e 78), "nos teus decretos" (v. 23 e 48), e "nas tuas maravilhas" (v. 27). Ele afirma: "medito nos teus testemunhos" (v. 99) e exclama: "Quanto amo a tua lei! É a minha meditação, todo o dia!" (v. 97). Se as instruções da antiga aliança de Deus eram tão preciosas para o salmista, mais ainda o evangelho da nova aliança deve cativar nossa meditação.

A MEDITAÇÃO É O ELO PERDIDO

A meditação nas Escrituras ocupou um lugar importante e duradouro na história da igreja como um dos mais poderosos meios da graça de Deus para seu povo. Em particular, os puritanos celebravam o dom da meditação tanto quanto outros dons, e chamavam a atenção para sua relação vital com ouvir a voz de Deus (nutrição bíblica) e ser ouvido por ele (oração). Whitney cataloga vários puritanos proeminentes para mostrar que a meditação é "o elo perdido entre a nutrição bíblica e a oração" e, ao fazer isso, ele nos conduz a alguns conselhos práticos para a meditação cristã:[2]

- "Comece lendo ou ouvindo. Continue com a meditação; termine em oração" (William Bridge, "The work and the way of meditation [O trabalho e o caminho da meditação]");

---

2 Donald S. Whitney, Spiritual Disciplines for the Christian Life, ed. rev. (Colorado Springs: NavPress, 2014), p. 86-93 [edição em português: *Disciplinas espirituais* (São Paulo: Editora Batista Regular, 2021)]. A meditação como uma "disciplina ponte" entre ouvir Deus em sua palavra e respondê-lo em oração também é um tema importante em Timothy Keller, *Oração: Experimentando intimidade com Deus* (São Paulo: Vida Nova, 2016).

- "A palavra alimenta a meditação e a meditação alimenta a oração [...] A meditação deve seguir a audição e preceder a oração [...] O que absorvemos pela palavra, digerimos pela meditação e liberamos pela oração" (Thomas Manton, *Complete Works*, vol. 17);
- "A razão pela qual nos esfriamos na leitura da Palavra é porque não nos aquecemos no fogo da meditação" (Thomas Watson, "How we may read the Scriptures with most spiritual profit [Como podemos ler as Escrituras com maior proveito espiritual]", dir. 8);
- "O grande motivo pelo qual nossas orações são ineficazes é que não meditamos antes delas" (William Bates, "On divine meditation [Sobre a meditação divina]", cap. 4).

A meditação, então, para o cristão, é uma disciplina que tem certa função em relação às outras disciplinas. Ela não está isolada, hermeticamente separada da revelação de Deus sobre si mesmo na Bíblia e de nossa resposta reverente a ele em oração. Antes, *a meditação preenche a lacuna* entre ouvir a Deus e falar com ele.

Na meditação, fazemos uma pausa e refletimos sobre suas palavras, que lemos, ouvimos ou estudamos. Nós as repassamos em nossas mentes e deixamos que elas inflamem nossos corações — nós "nos aquecemos no fogo da meditação". Nos aprofundamos na revelação de Deus, a levamos ao centro de nossa alma e, ao sermos transformados por sua verdade, respondemos a ele em oração. Como diz Matthew Henry:

"Assim como a meditação é a melhor preparação para a oração, a oração é o melhor resultado da meditação".³

CURA VERDADEIRA

A meditação cristã tem menos a ver com a postura de nossos corpos e mais com a postura de nossas almas. Nossas instruções não são "sente-se no chão com as pernas cruzadas" ou "sente-se em uma cadeira com os pés no chão e as costas retas, as palmas das mãos voltadas para cima". A meditação cristã começa com nossos olhos no Livro, ou ouvidos atentos para a Palavra, ou uma mente repleta de Escrituras memorizadas.

Talvez comecemos com uma leitura mais ampla da Bíblia, a partir da qual selecionamos um versículo ou frase em particular que chamou nossa atenção e reservamos alguns minutos para nos aprofundarmos nele. Então, com intencionalidade e foco (geralmente funciona melhor com a caneta na mão ou com os dedos nas teclas) procuramos entender melhor as palavras de Deus e aquecer nossa alma em seu fogo, e deixar que ela nos conduza à oração e então ao nosso dia.

Em nossa sociedade inquieta e estressada, praticar a arte da meditação cristã pode muito bem fortalecer nosso cérebro e diminuir nossa pressão arterial. Mas ainda mais significativo é o bem que ela faz às nossas almas.

---

3   Citado em Donald S. Whitney, Spiritual Disciplines for the Christian Life, ed. rev. (Colorado Springs: NavPress, 2014), p. 88 [edição em português: *Disciplinas espirituais* (São Paulo: Editora Batista Regular, 2021)].

O PONTO ALTO DAS DEVOCIONAIS DIÁRIAS

Penso na meditação como o ponto alto do meu tempo devocional diário. Depois de começar com uma breve oração pedindo a ajuda de Deus, leio as passagens propostas para o dia de algum plano de leitura bíblica. Enquanto leio, procuro entender como a passagem se relaciona com Jesus e se há frases, versículos ou seções que chamam minha atenção para meditação ou estudo. Quando estudo e é apenas uma questão rápida, posso verificar referências cruzadas ou um comentário ou nota de uma Bíblia de estudo. Se a questão for mais envolvente, faço uma anotação para um estudo mais extenso algum momento mais tarde naquele dia ou semana, em vez de deixar que isso desvie meu tempo devocional matinal (a algumas dessas notas para estudo eu retorno mais tarde e pesquiso mais; para outras não encontro tempo e as deixo até a próxima vez que encontrar esse texto em minha leitura).

Se encontrar uma seção das Escrituras durante a minha leitura que me inspire para a meditação, posso simplesmente deter-me nela, e então fazer a transição para a oração e seguir para o meu dia, sem sentir qualquer necessidade de voltar a ler o restante das passagens designadas. Eu me lembro repetidamente que não se trata de marcar quadrinhos, mas de se comunicar com Deus em sua palavra por meio da meditação e da oração. De certa forma, penso nas passagens designadas como suprimento bíblico para satisfazer minha alma com a meditação e servir como uma ponte para a oração.

CAPÍTULO 4

Leve a Bíblia em seu coração

Todos nós queremos ser "praticantes da palavra e não somente ouvintes" (Tg 1.22). Quem quer sentir o fracasso ou compartilhar a vergonha de ser marcado como quem "contempla, num espelho, o seu rosto natural […] e se retira, e para logo se esquece de como era a sua aparência" (Tg 1.23-24)? Parece que a aplicação da Bíblia é uma disciplina espiritual essencial que devemos buscar conscientemente sempre que encontramos a palavra de Deus; mas isso depende de como definimos "aplicação".

A pergunta-chave que precisamos responder neste capítulo é: que efeito a nutrição bíblica regular deve ter em nosso coração e em nossa vida, e *como* isso acontece?

A PALAVRA DE DEUS É PARA VOCÊ

Para os iniciantes, devemos deixar claro que o objetivo de aplicar as palavras de Deus em nossas vidas se baseia no bom instinto de que *a Bíblia é para nós*. O otimismo sobre a aplicação na vida faz jus a essas afirmações surpreendentes de que todas as Escrituras são para os cristãos:

- "Toda a Escritura é inspirada por Deus e útil para o ensino, para a repreensão, para a correção, para a educação na justiça, a fim de que o homem de Deus seja perfeito e perfeitamente habilitado para toda boa obra" (2Tm 3.16-17);
- "Ora, estas coisas se tornaram exemplos para nós, a fim de que não cobicemos as coisas más, como eles cobiçaram [...] Estas coisas lhes sobrevieram como exemplos e foram escritas para advertência nossa, de nós outros sobre quem os fins dos séculos têm chegado" (1Co 10.6, 11);
- "Pois tudo quanto, outrora, foi escrito para o nosso ensino foi escrito, a fim de que, pela paciência e pela consolação das Escrituras, tenhamos esperança" (Rm 15.4).

A Bíblia inteira é para toda a igreja. Temos sólida garantia bíblica para receber as palavras de Deus, na expectativa de que sejam compreensíveis e aplicáveis. Devemos seguir o conselho do pregador puritano Thomas Watson quando abrirmos o Livro:

> Considere cada palavra como dita a você. Quando a palavra troveja contra o pecado, pense assim: "Deus está falando de meus pecados"; quando exige qualquer dever, "Deus quer isso de mim". Muitos afastaram a Escritura de si mesmos, como se ela se referisse apenas àqueles que viveram na época em que foi escrita; mas se você pretende beneficiar-se da palavra, traga-a para junto de si; um remédio não fará nenhum bem a menos que seja usado.[1]

---

1 Citado em Donald S. Whitney, *Spiritual Disciplines for the Christian Life*, ed. rev. (Colorado Springs: NavPress, 2014), p. 71 [edição em português: *Disciplinas espirituais* (São Paulo: Editora Batista Regular, 2021)].

Sim, tome cada palavra como dirigida a você mesmo, com esta âncora essencial no lugar: Procure entender primeiro como as palavras de Deus foram recebidas pelos ouvintes originais e como elas se relacionam com a pessoa e obra de Jesus, e então traga-as para você mesmo. Deseje aplicação para sua vida, à medida que Deus fala conosco, hoje, por meio da compreensão iluminada pelo Espírito do que o autor humano inspirado disse a seus leitores originais no texto bíblico.

APLICAÇÕES ESPECÍFICAS PARA TODOS OS DIAS?

Então, é certo pensar em "aplicação" como um meio diário da graça de Deus? Esta é uma disciplina espiritual a ser buscada em todos os encontros bíblicos? A resposta é sim e não, dependendo do que entendemos por *aplicação*.

Alguns bons professores dizem que todo encontro com a palavra de Deus deve incluir pelo menos uma aplicação específica para nossas vidas: algum acréscimo particular, por menor que seja, a quem somos ou à nossa lista de tarefas diárias. Há uma intenção sábia nisso: estimular-nos a sermos não apenas ouvintes da palavra de Deus, mas praticantes. Mas essa abordagem simplista de aplicação ignora a natureza mais complexa da vida cristã, e como a mudança verdadeira e duradoura acontece de uma maneira menos direta do que podemos pensar.

Reconhecer que a grande maioria de nossas vidas é vivida espontaneamente nos ajuda a entender. Mais de 99 por cento de nossas decisões diárias sobre diversas coisas acontecem sem qualquer reflexão imediata. Simplesmente agimos. Nossas vidas fluem a partir do tipo de pessoa que somos — do tipo de pessoa que nos tornamos — em vez de uma sucessão de intervalos para reflexão.

E é precisamente nessa linha que o apóstolo ora por nós. Ele não pede que Deus nos dê uma simples obediência a uma lista clara de mandamentos, mas que nos dê sabedoria para discernir sua vontade ao nos depararmos com as muitas escolhas da vida, que chegam até nós continuamente. Paulo ora:

- Para sermos transformados "pela renovação da vossa mente, para que experimenteis qual seja a boa, agradável e perfeita vontade de Deus" (Rm 12.2);
- Para que "o vosso amor aumente mais e mais em pleno conhecimento e toda a percepção, para aprovardes as coisas excelentes" (Fp 1.9-10);
- Para que "transbordeis de pleno conhecimento da sua vontade, em toda a sabedoria e entendimento espiritual; a fim de viverdes de modo digno do Senhor, para o seu inteiro agrado, frutificando em toda boa obra e crescendo no pleno conhecimento de Deus" (Cl 1.9-10).

Em vez de ditar ações específicas, o apóstolo quer nos ver formados no tipo de pessoa capaz de provar o que é agradável ao Senhor (Ef 5.10), e então agir à luz disso.

A PALAVRA DE DEUS É PARA SER VISTA

Assim, como diz John Piper, "uma vida piedosa é vivida a partir de um coração maravilhado pela graça. [...] Temos que ler a Bíblia para ficarmos fascinados com Deus, com Cristo, com a cruz, com a graça e com o evangelho".[2] O tipo de aplicação mais importante de se buscar ao encontrar a palavra de Deus é essa admiração. Grave as Escrituras em sua alma. Ore pelo despertar de suas afeições. Traga a Bíblia para o seu coração. Na verdade, essa é apenas outra maneira de recomendar a meditação.

Ao sermos renovadamente cativados pela grandeza de nosso Deus e seu evangelho, nos tornamos o que contemplamos: "E todos nós, com o rosto desvendado, contemplando, como por espelho, a glória do Senhor, somos transformados, de glória em glória, na sua própria imagem" (2Co 3.18). E assim saímos de nossa nutrição bíblica com uma alma mais satisfeita, o que confere às nossas vidas um sabor, comportamento e tomadas de decisão que afetam a tudo o mais.

Meditar nas palavras de Deus molda nossa alma. Às vezes isso produz pontos de aplicação imediatos e específicos; receba-os quando eles vierem. Mas tome cuidado para não deixar que o anseio por ações específicas desvie o foco de nossas devocionais da admiração e da busca por ter a alma feliz no Senhor. Aproximar-se das Escrituras para ver e sentir é uma abordagem drasticamente diferente do que aproximar-se dela para fazer.

A Bíblia é gloriosamente para nós, mas não é principalmente sobre nós. Chegamos mais profundamente por causa de *quem* veremos, não pelo que devemos fazer. "Torne-se um certo tipo de pessoa", aconselha Piper, "não acumule uma longa lista".[3]

---

2 John Piper, "A leitura bíblica sempre deve terminar com uma aplicação?", *Voltemos ao Evangelho*, 25 abr. de 2022, www.voltemosaoevangelho.com/blog/2022/04/a--leitura-biblica-sempre-deve-terminar-com-uma-aplicacao/ (acesso em: 2 de maio de 2022).

3 Ibid.

A BÊNÇÃO DE TRAZER PARA SI

Esse é o caminho para o florescimento que vislumbramos na antiga aliança em Josué 1.8 — meditação, depois aplicação, e então bênção:

> Não cesses de falar deste Livro da Lei; antes, medita nele dia e noite, para que tenhas cuidado de fazer segundo tudo quanto nele está escrito; então, farás prosperar o teu caminho e serás bem-sucedido.

Quando a leitura bíblica visa primeiro a admiração (meditação e adoração), ela atua primeiro em nossos corações e muda nossa pessoa; isso nos prepara para a aplicação. E a aplicação das palavras de Deus em nossa vida nos prepara para a bênção de Deus em nossa alma: "então, farás prosperar o teu caminho e serás bem-sucedido". Portanto, aplicar as palavras de Deus em nossa vida não é apenas um efeito de sua graça para nós, mas também um meio para obter mais graça.

Jesus diz em João 13.17: "se sabeis estas coisas, bem-aventurados sois se as praticardes". Assim também Tiago 1.25 promete que quem não é apenas um ouvinte, "mas operoso praticante, esse será bem-aventurado no que realizar".

Quando trazemos as palavras de Deus ao nosso coração e depois as aplicamos em nossa vida por meio de um coração maravilhado e transformado, esse é um grande meio de sua graça para nós. Ele ama abençoar a verdadeira aplicação de sua palavra em nossa vida.

CAPÍTULO 5

Memorize a mente de Deus

Talvez você já tenha ouvido a argumentação pela memorização das Escrituras uma centena de vezes. Você está convencido de que os benefícios seriam incalculáveis, e que não deve haver melhor uso do seu tempo do que esconder a palavra de Deus em seu coração e guardá-la para uso futuro. Mas você já tentou várias vezes e nunca conseguiu fazer a mágica funcionar.

Talvez a ideia de memorizar as Escrituras traga de volta algum sentimento que você não consegue esquecer, de uma memorização mecânica na escola, ou eventualmente você deu de ombros e culpou a memória ruim por suas falhas. Você sabe que seria maravilhoso ter estocado um tesouro das Escrituras ou um arsenal de armas para o uso do Espírito. Mas se tudo está voltado para guardar para algum tempo futuro incerto e tem pouco a ver com o dia de hoje, você provavelmente não sente muita urgência em relação a isso.

Mas talvez um avanço possa vir com uma simples mudança de perspectiva. E se a memorização das Escrituras realmente tem a ver com o hoje? Pelo menos por um minuto, esqueça décadas no futuro; deixe de lado a ladainha de revisões diárias de textos previamente memorizados; abandone a mentalidade de construir um estoque ou formar uma pilha, pelo menos como motivação principal. Em vez disso, concentre-se no presente. A memorização das Escrituras, no que tem de melhor, tem a ver com alimentar sua alma hoje e mapear sua vida e mente na própria vida e mente de Deus.

MOLDE SUA MENTE PARA HOJE

É muito bom armazenar tesouros brilhantes e armas afiadas para uso futuro, mas se você é feito do mesmo material que eu, achará muito fácil adiar a memorização das Escrituras quando todo dia parece já ter seu próprio mal (Mt 6.34). Talvez a descoberta de que você precisava para finalmente fazer algum avanço seja simplesmente aplicar esta linha da Oração do Senhor à memorização da Bíblia: *O pão nosso de cada dia dá-nos hoje* (Mt 6.11).

Quando aprendemos as Escrituras de cor, não estamos apenas memorizando textos antigos e de relevância duradoura, mas ouvindo e aprendendo a voz do próprio Criador e Redentor. Quando memorizamos versos da Bíblia, estamos moldando nossas mentes no momento para imitar a estrutura e a mentalidade da mente de Deus.

A boa teologia forma nossa mente de uma maneira geral para pensar os pensamentos de Deus conforme ele pensa. Mas a Escritura memorizada molda nossa mente, o mais humana e especificamente possível, para imitar as dobras e vincos da mente de Deus. A teologia nos leva ao estádio; a Escritura memorizada, ao vestiário do time.

E assim a memorização da Bíblia não apenas nos prepara para um dia qualquer que talvez usemos um versículo memorizado para aconselhar, testemunhar ou lutar contra o pecado; antes, também contribui poderosamente no presente para nos tornar o tipo de pessoa que anda no Espírito hoje. Ela contribui agora mesmo para que você seja renovado "no espírito do vosso entendimento" (Ef 4.23) e transformado "pela renovação da vossa mente, para que experimenteis qual seja a boa, agradável e perfeita vontade de Deus" (Rm 12.2). Isso não apenas pode ser acessível a nós para futuras decisões e lutas contra a tentação em vários contextos, mas o próprio ato de memorizar as Escrituras, conforme entendemos e nos envolvemos com o significado do texto, muda nossas mentes no presente para nos fazer o tipo de pessoa que "experimenta qual é a vontade de Deus".

Memorizar as palavras de Deus hoje, então, não é apenas um depósito em uma conta para amanhã, mas um ativo trabalhando por nós agora mesmo.

ALGUNS CHAMAM DE "MEDITAÇÃO"

Observe a ressalva acima: "conforme entendemos e nos envolvemos com o significado do texto". Ou seja, devemos inundar o processo de memorização com o hábito da graça e a arte perdida que discutimos no capítulo 3: a meditação.

Não há necessariamente nada da nova era ou transcendental na meditação. A boa e velha versão recomendada em toda a Bíblia é pensar profundamente sobre algumas verdades da boca de Deus, e repassá-las em nossa mente por tempo suficiente para sentirmos seu significado em nosso coração e até mesmo começar a vislumbrar sua aplicação em nossa vida. Fazer com que a meditação funcione em conjunto com a memorização das Escrituras influencia muito em como conduzimos o árduo processo de memorização. Por um lado, isso nos faz desacelerar. Podemos memorizar as coisas muito mais rápido se não pararmos para entender e ponderar. Mas a mera memorização traz pouco benefício; a meditação traz muito. Quando levamos a meditação a sério, procuramos não apenas compreender o que estamos memorizando, mas também nos demoramos no texto e o sentimos, e até começamos a aplicá-lo à medida que memorizamos.

Quando buscamos a memorização das Escrituras com meditação, não estamos apenas armazenando para transformação posterior, mas desfrutando de alimento para nossa alma hoje e experimentando a transformação agora. E quando o foco é mais alimentar e moldar, a revisão constante é menos importante. Textos uma vez memorizados e depois esquecidos não são uma tragédia, mas uma oportunidade de meditar novamente e moldar sua mente ainda mais.

REDEFINA SUA MENTE NAS COISAS DO ESPÍRITO

Outro benefício importante hoje, não apenas no futuro, é como a memorização da Bíblia com meditação redireciona nossa alma para as ocupações do dia. É uma forma de reajustar nossas mentes "nas coisas do Espírito" e então se inclinar para o Espírito (Rm 8.5), que é "vida e paz" (Rm 8.6).

A junção de meditação com memorização nos ajuda a obedecer ao comando de Colossenses 3.2: "Pensai nas coisas lá do alto" (Cl 3.2). Isso nos prepara para o dia "conferindo coisas espirituais com espirituais", ao invés de andar como "o homem natural" que "não aceita as coisas do Espírito de Deus" (1Co 2.13-14). E, quando nos reajustamos nas coisas do Espírito, moldando nossas mentes com as palavras de Deus, o resultado é simplesmente notável. Paulo pergunta com Isaías: "Pois quem conheceu *a mente do Senhor*, que o possa instruir?" E responde com esta revelação surpreendente: "nós, porém, temos *a mente de Cristo*" (1Co 2.16; cf. Is 40.13).

A MENTE DE CRISTO É SUA

Em outras palavras, o apóstolo tem duas respostas para a pergunta: *"Quem conheceu a mente do Senhor?"* A primeira está implícita na pergunta retórica de Romanos 11.34: "Quem, pois, conheceu *a mente do Senhor*? Ou quem foi o seu conselheiro?" Resposta: Ninguém. Sua mente está infinitamente além da nossa. "Quão insondáveis são os seus juízos, e quão inescrutáveis, os seus caminhos!" (Rm 11.33). Nenhum ser humano pode conhecer completamente a mente de Deus.

Contudo, Paulo dá esta segunda resposta em 1 Coríntios 2.16: "nós temos *a mente de Cristo*". À medida que não apenas lemos e estudamos as Escrituras, mas as entendemos e então meditamos e as memorizamos, cada vez mais "temos a mente de Cristo", sendo conformados à sua imagem. Não podemos conhecer a mente de Deus completamente, mas podemos fazer um progresso real em graus. E há poucas maneiras de imprimir a mente de Deus em nossa mente como a memorização, com meditação, do que ele disse tão claramente nas Escrituras.

DOIS GRANDES EFEITOS

Um outro texto menciona "a mente de Cristo" e aponta para dois grandes efeitos de memorizar a mente de Deus. Filipenses 2.5, como introdução ao famoso "hino cristológico" de Filipenses 2.6-11, diz: "Tenham entre vocês o mesmo *modo de pensar* de Cristo Jesus" (NAA). E o que isso significará em nossa vida? Duas coisas claras no contexto imediato são a *unidade* (Fp 1.27–2.2) e a *humildade* (Fp 2.3-4).

Não há melhor indicador da harmonia no corpo de Cristo do que os membros lutando juntos para conformar suas mentes à mente de Cristo, não apenas com conceitos cristãos, mas com as próprias palavras de Deus. Ter a mente de Cristo nos tornará catalisadores para uma comunidade firme "em um só espírito, como *uma só alma*, lutando juntos pela fé evangélica" (Fp 1.27), e que *pensa a mesma coisa*, tem o mesmo amor, é *unida de alma* e tem o mesmo sentimento (Fp 2.2).

E tal "unidade de alma" anda de mãos dadas com a humildade de 1 Pedro 3.8. Poucas coisas cultivam humildade da mente como submeter nossa mente às palavras de Deus, memorizando-as. E assim nos tornamos pessoas prontas a seguir a instrução:

> Nada façais por partidarismo ou vanglória, mas por humildade, considerando cada um os outros superiores a si mesmo. Não tenha cada um em vista o que é propriamente seu, senão também cada qual o que é dos outros. (Fp 2.3-4)

Esconda as palavras de Deus em seu coração; construa um arsenal para lutar contra a tentação. Mas não perca o poder transformador de memorizar a mente de Deus para hoje.

※

CINCO DICAS PARA MEMORIZAR A BÍBLIA

Alguns sistemas de memorização das Escrituras são incrivelmente desenvolvidos. Eles podem incluir caixas de versículos memorizados em cartões ou longas listas de versículos memorizados anteriormente para revisão. Eu admiro e aprecio aqueles que perseveram nesses sistemas e os consideram saudáveis e sustentáveis no longo prazo. No meu caso, tal processo ameaçaria dominar ou até devorar o tempo limitado que eu realmente tenho diariamente para a devocional.

Em vez disso, descobri que a memória das Escrituras é para mim uma ferramenta na maleta da meditação e um caminho importante para a aplicação da Bíblia. A meditação é o hábito inegociável da graça que desejo praticar todos os dias, mesmo que apenas brevemente, quando as circunstâncias da vida devoram meu tempo.[1] A memorização das Escrituras não é algo que eu pratico diariamente, ao menos em todas as épocas da vida, mas tento semanalmente, se não algumas vezes por semana, gastar alguns minutos procurando memorizar algum texto poderoso que descobri na minha leitura bíblica

---

1 Para mais informações, consulte o posfácio sobre "comunhão com Cristo em um dia caótico".

e quero não apenas meditar, mas memorizar, para minha própria alma ou para meu ministério ao próximo.

Com relação a esse último ponto, uma vez fiz uma lista de "Dez passagens para o pastor memorizar por completo", que são textos que achei especialmente úteis para ministrar a outros.[2] Quanto ao primeiro, de alimentar sua própria alma, incluí nas páginas seguintes "Dez versículos do evangelho para manter aquecidos", além de "Doze passagens do evangelho para mergulhar".

Antes de fornecer essas duas listas curtas de textos do evangelho, aqui estão cinco dicas simples para memorizar as Escrituras.

1. Diversifique suas escolhas

Você pode memorizar livros ou capítulos inteiros (Romanos 8 é um ótimo ponto de partida, ou Filipenses 3) ou seções chave.[3] Minha preferência com o passar dos anos são as seções chave (geralmente de quatro a sete versículos, como Tito 3.1-7) que encontro ao avançar em um plano de leitura da Bíblia. Geralmente é uma seção que considero tão rica que meditar nela por apenas alguns minutos parece terrivelmente inapropriado. Para desfrutar mais de seus benefícios,

---

2 David Mathis, "Dez passagens para o pastor memorizar por completo", 22 abr. de 2022, *Voltemos ao Evangelho*, www.voltemosaoevangelho.com/blog/2022/04/dez-passagens-para-o-pastor-memorizar-por-completo/ (acesso em: 2 de maio de 2022).

3 O texto mais aclamado que conheço para memorizar livros inteiros da Bíblia (e que está disponível em PDF gratuito) é Andrew Davis, "An Approach to Extended Memorization of Scripture", *Two Journeys*, www.twojourneys.org/all-books/an-approach-to-extended-memorization-of-scripture/ (acesso em: 2 de maio de 2022) [edição em português: *Um Método para a Memorização Extensiva da Bíblia* (Brasília: Éden Publicações, 2022)].

preciso colocá-la na memória (Se você está procurando algumas seções chave para começar a memorizar, tente Cl 1.15-20; Jo 1.1-14; Hb 1.1-4 e Fp 2.5-11).

2. Leve com você ao longo do dia

Escreva a passagem ou torne-a evidente e facilmente acessível em um tablet ou telefone. Eu não sugeriria restringir sua memorização à quarentena em um determinado período do dia, mas estendê-la para todo o seu viver. Reproduza uma gravação de áudio no carro, leia um pedaço de papel enquanto estiver na fila. Coloque um texto na tela inicial para que você veja quando olhar para o seu smartphone.

3. Procure compreender, sentir e aplicar o texto enquanto você memoriza

Resista ao impulso de ver apenas a memória como objetivo. Aprender o texto "de cor" é secundário; levar o texto *ao coração* é o principal. Não memorize sem pensar, mas envolva-se no texto e em seu significado — não apenas nas implicações para sua vida, mas nos efeitos que ele deve ter em suas emoções.

4. Transforme seu texto em oração

Momentos de oração pessoal e comunitária são ótimos para exercitar o que você está memorizando, e ver e sentir de um ângulo novo ao voltar-se para Deus e expressar seu significado para os outros. Houve momentos em que orar algum texto memorizado tornou-se o caminho para ver novas glórias que até então estavam escondidas para mim.

5. Memorize à luz do Evangelho

Finalmente, deixe a verdade de Colossenses 3.16 moldar sua memorização: "Habite, ricamente, em vós a palavra de Cristo." A "palavra de Cristo" aqui, ou "mensagem de Cristo", não é primariamente a Escritura, mas o evangelho. Então, em outras palavras, memorize à luz do evangelho.

Memorizar as Escrituras, por si só, não é algo necessariamente cristão. Jesus falou com líderes judeus que haviam memorizado mais do Antigo Testamento do que nós, e disse-lhes: "Examinais as Escrituras, porque julgais ter nelas a vida eterna, e são elas mesmas que testificam de mim. Contudo, não quereis vir a mim para terdes vida" (Jo 5.39-40). E Paulo falou sobre os judeus que conheciam intimamente as Escrituras,

> Mas os sentidos deles se embotaram. Pois até ao dia de hoje, quando fazem a leitura da antiga aliança, o mesmo véu permanece, não lhes sendo revelado que, em Cristo, é removido. Mas até hoje, quando é lido Moisés, o véu está posto sobre o coração deles. Quando, porém, algum deles se converte ao Senhor, o véu lhe é retirado. (2Co 3.14-16)

Quer estejamos memorizando textos do Antigo Testamento ou do Novo, esta é a nossa necessidade constante: *nos convertermos ao Senhor*. Em nossa memorização, seja de livros inteiros, capítulos, passagens ou versículos únicos, devemos sempre ter em mente as grandes lições de Jesus em Lucas 24 sobre a interpretação da Bíblia: "expunha-lhes o que a seu respeito constava em todas as Escrituras" (Lc 24.27), e "lhes abriu o entendimento para compreenderem as Escrituras", e que "importava se cumprisse tudo o que de mim está escrito na Lei de Moisés, nos Profetas e nos Salmos" (Lc 24.44-45).

⚜

DEZ VERSÍCULOS DO EVANGELHO PARA MANTER AQUECIDOS

A memorização da Bíblia é sempre um tempo bem gasto. Toda memorização das Escrituras é "útil para o ensino, para a repreensão, para a correção, para a educação na justiça" (2Tm 3.16). E especialmente úteis são as declarações do evangelho em um versículo.

Quando você memoriza um "versículo do evangelho" e o mantém quente, você esconde em seu coração uma expressão divinamente inspirada e inerrante, em linguagem humana, do ponto principal de toda a Bíblia e de toda a história. Você carrega consigo a espada do Espírito em seu metal mais forte. Resumos de uma frase da mensagem central da Bíblia fortalecem nossa espinha dorsal espiritual e solidificam nosso núcleo, enraizando-nos profundamente no alicerce do coração de Deus e na natureza do mundo que ele fez, e nos enviam para um combate confiante contra a incredulidade, nossa ou de outros. Os versículos do evangelho são inestimáveis tanto para evangelismo quanto discipulado.

Portanto, junto com outros esforços de memorização das Escrituras, espalhe alguns versículos do evangelho que orientem, moldem e temperem todo o seu reservatório. Por "versículos do evangelho", tenho em mente versículos como

João 3.16 (não despreze esse versículo por sua fama; ele é bem conhecido por um bom motivo), versículos que comunicam sucintamente que *Jesus salva pecadores*.

Aqui está uma lista inicial de dez. Você pode ficar atento a outros e adicioná-los conforme avança; não se surpreenda se encontrar muitos em Romanos.

> Pois o próprio Filho do Homem não veio para ser servido, mas para servir e dar a sua vida em resgate por muitos. (Mc 10.45)

> Mas Deus prova o seu próprio amor para conosco pelo fato de ter Cristo morrido por nós, sendo nós ainda pecadores. (Rm 5.8)

> Porque o salário do pecado é a morte, mas o dom gratuito de Deus é a vida eterna em Cristo Jesus, nosso Senhor. (Rm 6.23)

> Agora, pois, já nenhuma condenação há para os que estão em Cristo Jesus. (Rm 8.1)

> Aquele que não poupou o seu próprio Filho, antes, por todos nós o entregou, porventura, não nos dará graciosamente com ele todas as coisas? (Rm 8.32)

> Aquele que não conheceu pecado, ele o fez pecado por nós; para que, nele, fôssemos feitos justiça de Deus. (2Co 5.21)

Pois conheceis a graça de nosso Senhor Jesus Cristo, que, sendo rico, se fez pobre por amor de vós, para que, pela sua pobreza, vos tornásseis ricos. (2Co 8.9).

Fiel é a palavra e digna de toda aceitação: que Cristo Jesus veio ao mundo para salvar os pecadores, dos quais eu sou o principal. (1Tm 1.15)

Nisto consiste o amor: não em que nós tenhamos amado a Deus, mas em que ele nos amou e enviou o seu Filho como propiciação pelos nossos pecados. (1Jo 4.10)

E entoavam novo cântico, dizendo: Digno és de tomar o livro e de abrir-lhe os selos, porque foste morto e com o teu sangue compraste para Deus os que procedem de toda tribo, língua, povo e nação. (Ap 5.9)

DOZE PASSAGENS DO EVANGELHO PARA MERGULHAR

A mera verdade não sustentará nossas almas. Precisamos desesperadamente do evangelho. "A graça de Deus na verdade" (Cl 1.6) é o choque que traz uma alma morta à vida e a carga que a mantém viva. É o evangelho o combustível que desperta e energiza o coração humano, não a mera verdade — por mais essencial que seja a verdade. Dois mais dois é igual a quatro; isso é verdade. Mas não serve muito para despertar e conduzir uma alma enfraquecida.

É maravilhoso aprender várias verdades da Bíblia — e há muitas verdades cruciais a aprender — mas não devemos perder ou minimizar a verdade singular do evangelho, "a palavra da verdade" (Cl 1.5; veja Ef 1.13), a mensagem tão central e significativa que o apóstolo a chama não apenas de *uma* verdade, mas de *a* verdade, em todas as epístolas pastorais (1Tm 2.4; 3.15; 4.3; 6.5; 2Tm 2.18, 25; 3.7, 8; 4.4; Tt 1.1, 14).

Além dos dez versículos do evangelho resumidos nas páginas anteriores, aqui estão doze "passagens do evangelho" cuidadosamente selecionadas que alcançam o cerne das boas novas bíblicas em apenas dois a quatro versículos.

Estas seções curtas estão prontas para memorização e garantem algum tempo prolongado de reflexão. Construa sua vida sobre elas e ao redor delas, e deixe-as moldar e temperar tudo. Mergulhe nelas — e encha-se delas.

> Certamente, ele tomou sobre si as nossas enfermidades e as nossas dores levou sobre si; e nós o reputávamos por aflito, ferido de Deus e oprimido. Mas ele foi traspassado pelas nossas transgressões e moído pelas nossas iniquidades; o castigo que nos traz a paz estava sobre ele, e pelas suas pisaduras fomos sarados. Todos nós andávamos desgarrados como ovelhas; cada um se desviava pelo caminho, mas o Senhor fez cair sobre ele a iniquidade de nós todos. (Is 53.4-6)

> Pois todos pecaram e carecem da glória de Deus, sendo justificados gratuitamente, por sua graça, mediante a redenção que há em Cristo Jesus. (Rm 3.23-24)

Ora, ao que trabalha, o salário não é considerado como favor, e sim como dívida. Mas, ao que não trabalha, porém crê naquele que justifica o ímpio, a sua fé lhe é atribuída como justiça. (Rm 4.4-5)

Antes de tudo, vos entreguei o que também recebi: que Cristo morreu pelos nossos pecados, segundo as Escrituras, e que foi sepultado e ressuscitou ao terceiro dia, segundo as Escrituras. (1Co 15.3-4)

Cristo nos resgatou da maldição da lei, fazendo-se ele próprio maldição em nosso lugar (porque está escrito: Maldito todo aquele que for pendurado em madeiro), para que a bênção de Abraão chegasse aos gentios, em Jesus Cristo, a fim de que recebêssemos, pela fé, o Espírito prometido. (Gl 3.13-14)

Mas Deus, sendo rico em misericórdia, por causa do grande amor com que nos amou, e estando nós mortos em nossos delitos, nos deu vida juntamente com Cristo, —pela graça sois salvos. (Ef 2.4-5)

Pois ele, subsistindo em forma de Deus, não julgou como usurpação o ser igual a Deus; antes, a si mesmo se esvaziou, assumindo a forma de servo, tornando-se em semelhança de homens; e, reconhecido em figura humana, a si mesmo se humilhou, tornando-se obediente até à morte e morte de cruz. (Fp 2.6-8)

Porque aprouve a Deus que, nele, residisse toda a plenitude e que, havendo feito a paz pelo sangue da sua cruz, por meio dele, reconciliasse consigo mesmo todas as coisas, quer sobre a terra, quer nos céus. (Cl 1.19-20)

E a vós outros, que estáveis mortos pelas vossas transgressões e pela incircuncisão da vossa carne, vos deu vida juntamente com ele, perdoando todos os nossos delitos; tendo cancelado o escrito de dívida, que era contra nós e que constava de ordenanças, o qual nos era prejudicial, removeu-o inteiramente, encravando-o na cruz. (Cl 2.13-14)

Quando, porém, se manifestou a benignidade de Deus, nosso Salvador, e o seu amor para com todos, não por obras de justiça praticadas por nós, mas segundo sua misericórdia, ele nos salvou mediante o lavar regenerador e renovador do Espírito Santo, que ele derramou sobre nós ricamente, por meio de Jesus Cristo, nosso Salvador, a fim de que, justificados por graça, nos tornemos seus herdeiros, segundo a esperança da vida eterna. (Tt 3.4-7)

Visto, pois, que os filhos têm participação comum de carne e sangue, destes também ele, igualmente, participou, para que, por sua morte, destruísse aquele que tem o poder da morte, a saber, o diabo, e livrasse todos que, pelo pavor da morte, estavam sujeitos à escravidão por toda a vida. Pois ele, evidentemente, não socorre anjos, mas socorre a descendência de Abraão. Por isso mesmo, convinha que, em todas as coisas, se tornasse semelhante aos irmãos, para ser misericordioso e fiel sumo sacerdote nas coisas referentes a Deus e para fazer propiciação pelos pecados do povo. (Hb 2.14-17)

O qual não cometeu pecado, nem dolo algum se achou em sua boca; pois ele, quando ultrajado, não revidava com ultraje; quando maltratado, não fazia ameaças, mas entregava-se àquele que julga retamente, carregando ele mesmo em seu corpo, sobre o madeiro, os nossos pecados, para que nós, mortos para os pecados, vivamos para a justiça; por suas chagas, fostes sarados. Porque estáveis desgarrados como ovelhas; agora, porém, vos convertestes ao Pastor e Bispo da vossa alma. (1Pe 2.22-25)

CAPÍTULO 6

Decida ser um aprendiz por toda a vida

A sabedoria não vem automaticamente com a idade. Você encontrará muitos velhos tolos por aí. Como Eliú declara no livro de Jó: "Na verdade, há um espírito no homem, e o sopro do Todo-Poderoso o faz sábio. Os de mais idade não é que são os sábios, nem os velhos, os que entendem o que é reto" (Jó 32.8-9).

É verdade que, para muitos santos idosos, cabelos grisalhos e uma boa cabeça andam de mãos dadas. Mas para outros, muitos outros, a longevidade apenas aprofunda a teimosia, a irritabilidade e formas descuidadas de pensar e viver. A experiência de vida pode aumentar inevitavelmente com a idade, mas sem algum padrão de receptividade e intencionalidade no longo prazo, experiências multiplicadas só criarão mais confusão do que clareza.

Para os cristãos em particular, a necessidade de cultivar uma curiosidade santa e a mentalidade de um aprendiz ao longo da vida é ainda maior. Ensinar e aprender estão no cerne de nossa fé. Ser um "discípulo" significa literalmente ser um "aprendiz". Nosso Mestre é o professor definitivo, e a tarefa central de seus subpastores na igreja local é ensinar (Mt 28.20;

1Tm 3.2; 5.17; Tt 1.9; Hb 13.7). Deus designou a igreja para ser uma comunidade de aprendizes vitalícios, sob a orientação terrena de líderes que são professores de coração.

A fé cristã não é um curso finito de estudo para o início da vida adulta. Nossa mentalidade não deveria ser de primeiro aprender e depois passar o resto de nossas vidas extraindo daquele depósito original de conhecimento. Antes, a saúde contínua na vida cristã está inseparavelmente ligada ao aprendizado contínuo.

APRENDENDO ATÉ O DIA DE CRISTO — E ALÉM

Muitos de nós sentimos o bálsamo consolador de Filipenses 1.6, que diz que "aquele que começou boa obra em vós há de completá-la". Mas a declaração não termina aí. Sim, temos a grande promessa de que ele completará sua obra em nós, mas segue-se uma revelação que nos conscientiza sobre o tempo: "até ao dia de Cristo Jesus". O ciclo de aprendizado não se fecha hoje ou amanhã; enquanto Jesus não volta, temos uma vida inteira à nossa frente.

E mesmo no céu, e depois na nova criação, não devemos esperar que nosso aprendizado termine. Em nosso Amado, temos tamanha abundância de bênçãos que Deus mostrará "nos séculos vindouros, a suprema riqueza da sua graça, em bondade para conosco, em Cristo Jesus" (Ef 2.7). Não recebemos todas de uma vez, mas para sempre teremos novas misericórdias para receber, novas revelações para descobrir, novas coisas para aprender sobre nosso Senhor. Recebemos uma promessa de crescimento que não é apenas vitalícia, mas eterna.

Assim, somos aprendizes por toda a vida, para dizer o mínimo. Duas questões importantes estão diante de nós neste breve capítulo: um simples o quê e um simples *como*. Primeiro, o que é a estrutura de nossa aprendizagem ao longo da vida? Existe uma grade, foco ou princípio organizador à medida que continuamos a aprender e crescer? Segundo, como podemos seguir na prática desse aprendizado por toda a vida?

CONCENTRE-SE NA PALAVRA

Há realmente algo que concentramos no início da vida cristã, e no qual passamos o resto de nossos dias explorando e indo mais fundo: é a "palavra" ou "mensagem" sobre Jesus, a Palavra encarnada de Deus. Simplificando, o ponto focal e o centro de nossa aprendizagem ao longo da vida é a pessoa e obra de Cristo. Todas as coisas são dele, por ele e para ele (Cl 1.17).

Quando dizemos "aprendizes", não nos referimos a meros fatos, informações e conhecimento intelectual. Queremos dizer tudo isso *e muito mais*. Não aprendemos apenas fatos, aprendemos um rosto. Não somos apenas aprendizes de princípios, mas de uma Pessoa. Somos aprendizes vitalícios no relacionamento com Jesus, ao ouvirmos sua voz em sua palavra e sermos ouvidos por ele em oração, e compartilharmos em comunhão com seu corpo, tudo por meio do poder de seu Espírito.

E uma das principais maneiras pelas quais conhecemos mais sua pessoa é aprendendo mais sobre sua obra em nosso favor. Não estamos apenas "arraigados e alicerçados" no amor de Cristo por nós no Calvário, mas prosseguimos para "compreender, com todos os santos, qual é a largura, e o comprimento, e a altura, e a profundidade e conhecer o amor de Cristo, que excede todo entendimento, para que sejais tomados de toda a plenitude de Deus" (Ef 3.17-19).

O cerne da aprendizagem vitalícia que é verdadeiramente *cristã* não é meramente cavar mais fundo na reserva aparentemente ilimitada de informações que há, para aprender sobre o mundo, a humanidade e a história, mas mergulhar na torrente infinita do amor de Cristo, e como tudo se volta para ele, em sua largura, comprimento, altura e profundidade ilimitados, e vendo tudo o mais à luz disso. O centro da aprendizagem ao longo da vida para o cristão é este: conhecer e deleitar-se no próprio Deus, em Cristo, por meio da palavra do evangelho e da palavra escrita das Escrituras — ouvir, ler, estudar, meditar e memorizar a Bíblia. Assim, incluímos este capítulo sobre aprendizagem ao longo da vida aqui na parte 1, sobre ouvir a voz de Deus.

CINCO PRINCÍPIOS PARA A APRENDIZAGEM AO LONGO DA VIDA

O *quê*, então, é "a Palavra" — encarnada, falada e escrita — no centro, lançando sua longa sombra sobre todos os outros saberes. Mas, agora, *como*? A resposta curta é que a lista de práticas específicas para a aprendizagem ao longo da vida pode ser tão diversa quanto a criatividade permitir. Busque suas próprias ideias sobre isso. E encontre novas maneiras conforme você avança. A seguir estão cinco sugestões gerais para ajudá-lo a continuar cultivando hábitos de aprendizagem ao longo da vida.

1. Varie suas fontes e épocas

Aprenda com conversas pessoais, leia livros, assista a aulas, veja vídeos educacionais e (talvez o mais subestimado) ouça áudios gravados. Diversifique suas fontes de ensino.

- Conversas pessoais com pessoas experientes e conhecedoras estão no topo da lista, pois você pode dialogar e fazer perguntas e receber palavras de sabedoria sob medida para você, pois elas estão cientes de sua situação e necessidades.
- Os livros têm o benefício de serem acessíveis a qualquer hora e em qualquer lugar; você pode ir no seu ritmo, no seu tempo e lugar, e reler conforme necessário.
- As aulas oferecem a vantagem de aprender no contexto com outras pessoas, tirando proveito de suas perguntas e sendo levado a focar naquele material por um tempo determinado, durante um período específico.
- Vídeos educacionais fornecem a flexibilidade de assistir no momento mais conveniente para você e o benefício de recursos visuais (diagramas, gráficos, linguagem corporal, expressões faciais).
- Ouvir gravações oferece flexibilidade para multitarefa (aprender enquanto dirige, faz exercícios ou faxina) e envolve a mente de maneiras diferentes das instruções em vídeo, apoiando-se na imaginação para ver o professor e o cenário.

Além disso, considere como as fontes mudarão nas várias épocas da vida. A faculdade e o seminário são temporadas concentradas no ensino em sala de aula, no diálogo educacional e na leitura prolongada. Se você tem um trajeto longo para o trabalho, ou o tipo de trabalho manual que permite isso, pode tirar proveito de audiolivros, cursos, palestras e sermões. Avalie as particularidades de sua época de vida e escolha a mídia e os locais mais propícios para seu aprendizado contínuo sobre Deus, o mundo e você mesmo.

2. Crie espaço e aproveite o tempo livre

Se você trabalha em tempo integral e tem uma família jovem, pode ser difícil arranjar espaço para o dever de casa e o compromisso semanal de frequentar um curso noturno ou mesmo fazer um curso online. Mas o que você pode fazer, nesta época ocupada ou em qualquer outra, é criar pequenas janelas para o aprendizado.

Podem ser apenas cinco ou dez minutos de leitura ao ir para a cama à noite, ou alguns minutos extras demorando-se nas Escrituras pela manhã, ou ouvindo um pequeno podcast como *John Piper responde*, enquanto escova os dentes, viaja, ou faz tarefas.[4] Ou talvez estabelecer a meta de ler um ou dois artigos todos os dias em um site importante, como o da Coalizão pelo Evangelho.[5] Ou contentar-se em manter um marcador em um livro impresso ou em um leitor eletrônico, enquanto avança em um bom livro por alguns minutos de cada vez.

3. Preencha seus momentos à toa

Há um lugar para descanso mental e recreação, para esportes, televisão, músicas pop e filmes, mas o aprendiz vitalício

---

4 www.voltemosaoevangelho.com/blog/serie/john-piper-responde/.
5 www.coalizaopeloevangelho.org/.

vai querer cuidar para que a maioria dos momentos livres da vida não sejam canibalizados por mero entretenimento irrefletido. Existe uma maneira de assistir esportes e televisão para a glória de Deus, e com intencionalidade de aprendizado. Conferir as notícias é uma delas. Bons canais educativos ou de documentários estão entre outros.

A aprendizagem ao longo da vida, com o tempo, significará desenvolver a resistência contra simplesmente relaxar sempre que sentir o impulso e, em vez disso, transformar alguns desses momentos, se não muitos, em oportunidades de crescimento. Pode não parecer muita coisa para um dia só, mas a recompensa a longo prazo é enorme.

4. Adapte-se às novas mídias

Uma grande biblioteca pessoal, com páginas desgastadas e rabiscadas já foi a marca de um eterno aprendiz. Depois, as estantes de livros foram acompanhadas por recortes de jornais e revistas, depois por pilhas de fitas cassete e por pilhas de CDs. Hoje, uma verdadeira biblioteca pode ser armazenada em um leitor digital ou laptop, e os MP3s, uma vez armazenados em discos rígidos, estão disponíveis online por meio de um wi-fi que se encontra em quase toda parte.

Os podcasts se tornaram o canal favorito dos sempre curiosos e, amanhã, a tecnologia será nova e ainda melhor. Vídeos grátis e cursos de educação online são acessíveis como nunca. E há as mídias sociais — e quais professores, animadores, atletas ou amigos você deixa ocuparem seu *feed* dizem muito sobre como você está ansioso para simplesmente passar alguns momentos arrastando a tela ou preenchê-los com aprendizado.

5. Adote a identidade de aprendiz

Finalmente, dada a importância do ensino regular e da aprendizagem ao longo da vida no cristianismo saudável, comece a se considerar um aprendiz. Lute contra a tendência que leva o aprendizado a ser algo restrito ao tempo escolar e essencial para a infância e a adolescência, mas algo aquém da idade adulta. Resista à tentação de desperdiçar o tempo livre em entretenimento tolo sem limites. Abrace sua finitude e a gloriosa infinitude de Deus e prepare-se para nunca parar de aprender, não como um fardo, mas como uma grande alegria. Reconheça a verdade de que, em certo sentido, nós, criaturas, nunca "terminamos", nem mesmo na nova criação.

Decida ser um aprendiz por toda a vida.

PARTE 2

Ser ouvido por Deus — Oração

CAPÍTULO 7

Desfrute da dádiva de ser ouvido por Deus

Ele é "o Deus de toda graça" (1Pe 5.10). Ele não apenas nos escolheu antes da fundação do mundo, e deu seu Filho para nos salvar e nos fazer nascer de novo, mas também sustenta toda a nossa vida cristã, desde o primeiro dia até aquele Dia, em sua graça incomparável. Ele cobre nossas vidas com sua inesperada bondade, por meio de pessoas e circunstâncias, nos momentos bons e ruins, e nos derrama um favor imprevisto na saúde e na doença, na vida e na morte.

Mas, como vimos, ele nem sempre nos pega desprevenidos; geralmente não é o caso. Deus tem seus canais regulares — os meios da graça, aqueles caminhos bem batidos pelos quais ele tantas vezes tem o prazer de passar e derramar sua bondade sobre aqueles que esperam ansiosamente. As principais vias são sua palavra, sua igreja e a oração. Ou sua voz, seu corpo e seus ouvidos. Agora mudamos nosso foco de sua voz para seus ouvidos.

Mas devemos entender que ele ouvir nossa oração tem relação com o ouvirmos em sua palavra.

O DEUS QUE FALA E OUVE

Primeiro soa sua voz. Por sua palavra, ele se revela e expressa seu coração, e revela seu Filho como a culminação de seu falar. Por sua palavra, ele cria (Gn 1.3) e recria (2Co 4.4), não apenas membros individuais, mas um corpo chamado de igreja (que é o meio de graça do qual trataremos na parte 3).

E, a maior das maravilhas, ele não apenas se expressa e nos convida a ouvir sua voz, mas também quer ouvir a nossa. O Deus que fala não só falou, mas também ouve — ele para, ele se inclina, ele quer ouvir você. Ele está pronto para ouvir sua voz.

Cristão, Deus dá ouvidos a você. Chamamos isso de oração.

UMA CONVERSA QUE NÃO COMEÇAMOS

Oração, dito de maneira simples, é falar com Deus. É irredutivelmente relacional. É pessoal; ele é a Pessoa Absoluta e nós somos pessoas derivadas, moldadas à sua imagem. Em certo sentido, a oração é tão básica quanto pessoas se relacionando umas com as outras, conversando, interagindo, mas com esta ressalva significativa: neste relacionamento, não conversamos como iguais. Ele é o Criador e nós somos criaturas. Ele é o grande Senhor e nós somos seus servos felizes. No entanto, por causa de seu incrível amor e graça extravagante, ele nos convida a interagir. Ele abriu sua boca e falou conosco. Agora ele abre seus ouvidos para nos ouvir.

Oração, para o cristão, não é apenas falar com Deus, mas responder àquele que primeiro veio em nossa direção. Ele falou primeiro. Essa não é uma conversa que começamos, mas um relacionamento para o qual fomos atraídos. Sua voz quebra o silêncio. Então, em oração, falamos com o Deus que falou. Nosso pedir, implorar e suplicar não se origina de nosso vazio, mas de sua plenitude. A oração não começa com nossas necessidades, mas com sua generosidade. Sua origem está primeiro na adoração e só depois na petição. A oração é um reflexo da graça que ele dá aos pecadores que salva. É a solicitação da sua provisão em vista do poder que ele demonstrou.

A oração é a resposta alegre da noiva, em uma relação alegremente submissa com seu Noivo, respondendo às suas iniciativas de sacrifício e doação de vida. É, portanto, uma graça impressionante que encontramos em uma declaração tão simples do salmista, que se aplica a todo cristão: "O Senhor aceita a minha oração" (Sl 6.9).

O GRANDE PROPÓSITO DA ORAÇÃO

Não deveria nos surpreender, então, descobrir que a oração não é, por fim, obter coisas de Deus, mas obter Deus. Nascida em resposta à sua voz, a oração faz seus pedidos a Deus, mas não se contenta em receber apenas de Deus. A oração deve receber ele mesmo. John Piper escreve:

> Não é errado querer as dádivas de Deus e pedi-las. A maioria das orações na Bíblia é para pedir as dádivas de Deus. No entanto, toda dádiva deve ser desejada essencialmente porque ela nos mostra mais de Deus e nos acrescenta mais dele [...] Quando o mundo todo falha, a base para a alegria permanece. Deus. Assim, é secundária cada oração pela vida, pela saúde, pelo lar, pela família, pelo emprego

e pelo ministério. O grande propósito da oração é pedir que — em todas as suas dádivas e por meio delas — Deus seja nossa alegria.[1]

Ou, como C. S. Lewis disse de maneira tão memorável: "Oração no sentido de petição, de pedir coisas, é uma pequena parte dela; a confissão e a penitência são seu princípio; a adoração, seu santuário; a presença e a visão e o deleite de Deus, seu pão e vinho".[2] O grande propósito da oração é chegar com humildade, expectativa e — por causa de Jesus — com ousadia à presença consciente de Deus, relacionar-se com ele, conversar com ele e, por fim, desfrutá-lo como nosso grande tesouro.

PRÁTICAS DE ORAÇÃO EM PERSPECTIVA

Portanto, a oração — ser ouvido por Deus — é, em última análise, ter mais de Deus. E ser ouvido por Deus (assim como ouvir sua voz) não tem a ver primeiramente com nossas práticas e posturas particulares — os hábitos específicos que desenvolvemos — mas com o princípio de nos relacionarmos continuamente com ele, em particular e com outros. Ele é santo, por isso o exaltamos (adoração). Ele é misericordioso, e por isso confessamos nossos pecados (confissão). Ele é gracioso e, por isso, expressamos nossa gratidão (agradecimento). Ele é amoroso e atencioso, por isso, pedimos a ele por nós, nossa família, nossos amigos e nosso mundo (súplica).[3]

---

1 John Piper, *Quando eu não desejo Deus* (São Paulo: Cultura Cristã, 2018), p. 138.
2 C. S. Lewis, *A última noite do mundo* (Rio de Janeiro: Thomas Nelson Brasil, 2018), loc. 137 (e-book kindle).
3 Adoração, confissão, agradecimento e súplica formam o "ACAS" da oração, que são

A oração é parte integrante de um relacionamento contínuo com Deus; por isso, o livro de Atos não enfatiza os momentos e lugares específicos de oração da igreja primitiva, mas nos diz: "Todos estes perseveravam unânimes em oração" (At 1.14). E Paulo não exige da igreja hábitos prescritos específicos, mas que sejam "na oração, perseverantes" (Rm 12.12), e ordena: "Perseverai na oração" (Cl 4.2), "orai sem cessar" (1Ts 5.17), "com toda oração e súplica, orando em todo tempo no Espírito" (Ef. 6.18). A oração é, acima de tudo, uma orientação de vida, antes de práticas e padrões particulares que podem ser característicos de uma certa comunidade ou tempo da vida, ou de uma época da história da igreja.

Esse chamado abrangente para a oração, como vemos no Novo Testamento, não é constituído de realização impessoal e disciplina crua, mas de relacionamento íntimo. Não traz em si uma dura vontade humana, mas um Pai divino extraordinariamente atento, que está ansioso por dar "coisas boas aos que lhe pedirem" (Mt 7.11). Ele não é apenas um Pai que revela sua generosidade em palavras e que "sabe o de que tendes necessidade, antes que lho peçais" (Mt 6.8), mas ele quer que você peça. Ele quer ouvir. Ele quer interagir. Ele quer nos ter não em um relacionamento hipotético, mas real. Ele está mais pronto para nos ouvir do que nós, para orar.

EM NOME DE JESUS ORAMOS

Tudo isso só é possível por meio da pessoa e da obra do Filho de Deus. Jesus não apenas morreu pelos nossos pecados

---

uma forma de memorização simples para os vários tipos de oração que tornam nossa abordagem a Deus saudável e completa. Falaremos mais no próximo capítulo sobre o "ACAS" da oração.

(1Co 15.3), para mostrar o amor de Deus por nós (Rm 5.8), mas ele saiu da sepultura e ascendeu ao céu como um precursor por nós (Hb 6.20), comparecendo diante do próprio Pai (Hb 9.24). Jesus está "à direita de Deus e também intercede por nós" (Rm 8.34). Tendo vencido a morte, o Deus-homem, tendo seu corpo glorificado, "pode salvar totalmente os que por ele se chegam a Deus, vivendo sempre para interceder por eles" (Hb 7.25). Ser ouvido por Deus é tão certo quanto ter o Filho de Deus.

E assim, sob essa luz, transformaremos as intenções gerais em caminhos mais específicos nos próximos capítulos e, então, em planos ainda mais específicos em nossas comunidades particulares e vidas individuais. Desenvolveremos hábitos de vida — hábitos de graça. Encontraremos uma hora e um lugar regulares. Oraremos sozinhos e com os outros. Oraremos "no quarto" e ao longo do dia. A oração será programada e espontânea. Estará no carro, à mesa, entre compromissos e ao lado da cama. Oraremos por meio das Escrituras, em resposta direta à palavra de Deus. Adoraremos, confessaremos, agradeceremos e suplicaremos. Aprenderemos a orar orando, e orando com outras pessoas, e descobriremos que "orar regularmente com outras pessoas pode ser uma das aventuras mais enriquecedoras de sua vida cristã".[4] Exploraremos tudo isso e muito mais nas páginas a seguir.

Somos ouvidos por Deus. Vamos aproveitar isso ao máximo.

---

4 Donald S. Whitney, Spiritual Disciplines for the Christian Life, ed. rev. (Colorado Springs: NavPress, 2014), p. 93 [edição em português: *Disciplinas espirituais* (São Paulo: Editora Batista Regular, 2021)].

CAPÍTULO 8

Ore em secreto

Agora é a hora de trazer um novo olhar para sua vida particular de oração. Talvez você encontre um ou dois ajustes que podem ser feitos nos próximos dias. Normalmente, a melhor maneira de crescer e avançar não é uma revisão total, mas identificando uma ou algumas pequenas mudanças que trarão benefícios ao longo do tempo.

Ou talvez você tenha pouca ou nenhuma vida real de oração particular (o que pode ser tão comum hoje entre os cristãos professos quanto sempre foi) e realmente precise começar do zero. Você pode sentir em primeira mão o peso do alarme de Francis Chan: "Minha maior preocupação com esta geração é sua incapacidade de se concentrar, especialmente na oração".[1] Talvez seja verdade no seu caso, e você está pronto para a mudança.

Se você está precisando de um pouco de autoavaliação ou aprender como um iniciante, gostaria de oferecer algumas dicas práticas sobre a oração particular. Mas vamos começar explicando por que a oração particular, ou "oração no quarto", é tão importante, em primeiro lugar.

---

1 Dito em participação na conferência Passion 2015 em Atlanta, 3 de jan. de 2015.

ORANDO "NO QUARTO"

O nome de "oração no quarto" vem do famoso Sermão do Monte de Jesus em Mateus 5–8. O contexto são as instruções de Jesus para não "exercer a vossa justiça diante dos homens, com o fim de serdes vistos por eles" (Mt 6.1).

> E, quando orardes, não sereis como os hipócritas; porque gostam de orar em pé nas sinagogas e nos cantos das praças, para serem vistos dos homens. Em verdade vos digo que eles já receberam a recompensa. Tu, porém, quando orares, entra no teu quarto e, fechada a porta, orarás a teu Pai, que está em secreto; e teu Pai, que vê em secreto, te recompensará. (Mt 6.5-6)

Assim como orar ao alcance dos ouvidos de outras pessoas tinha suas recompensas imanentes no judaísmo do primeiro século, o mesmo ocorre em nossas comunidades eclesiásticas do século 21, seja na igreja, em um pequeno grupo ou à mesa apenas com amigos e família. Facilmente, nossa motivação para orar com alguém pode ser impressionar os outros, seja pela extensão, tom, tópico, estilo ou escolha de palavras da oração, tudo cuidadosamente escolhido para produzir certos efeitos apenas em nossos ouvintes humanos.

É uma linha tênue, porque devemos orar com os outros — na igreja, em nossas casas e em outros lugares — e a oração pública *deve* levar em conta que os outros estão ouvindo; *deve* ter os outros em mente. Mas o perigo de deixar Deus de lado e mudar nosso foco para parecermos impressionantes está à espreita.

Mas a "oração no quarto" oferece um teste de autenticidade para nossa oração pública. Como Tim Keller comenta sobre Mateus 6.5-6:

> O teste infalível da integridade espiritual, diz Jesus, é sua vida de oração privada. Muitas pessoas oram por exigência de expectativas culturais ou sociais, ou talvez pela ansiedade provocada por circunstâncias difíceis. Aqueles que vivem de fato um relacionamento com Deus como Pai, no entanto, internamente haverão de *querer* orar e, portanto, orarão ainda que nada ao redor os pressione nesse sentido. Buscarão orar mesmo em tempos de aridez espiritual, quando não houver qualquer retribuição social ou empírica.[2]

A oração privada é um teste importante para saber se somos reais. Ele é nosso verdadeiro tesouro ou estamos simplesmente usando a oração para parecermos piedosos e impressionar os outros? Nossas orações são realmente dirigidas a um Deus que nos ouve e quer nos fazer o bem, ou a oração é uma ferramenta para conseguirmos o que queremos dos outros? A oração privada dissipa a névoa e a confusão e ajuda a mostrar que nosso relacionamento com Deus é autêntico.

REMÉDIO PARA INADEQUAÇÃO

Mas a oração particular não é apenas um teste de nossa veracidade, mas também um remédio contínuo para nossas inadequações e a falta de desejo por Deus que muitas

---

2 Tim Keller, *Oração: Experimentando intimidade com Deus* (São Paulo: Vida Nova, 2016), p. 32.

vezes sentimos. A oração, diz John Piper, "não é apenas a medida do nosso coração, revelando o que realmente desejamos; ela é também o remédio indispensável para ele, quando não desejamos Deus como deveríamos".[3]

A oração particular mostra quem realmente somos espiritualmente e é essencial para curar os muitos lugares em que nos encontramos feridos, necessitados, carentes e rebeldes.

CONTEXTO PARA O RELACIONAMENTO

Além disso, como observa Keller, a oração é essencial para viver "de fato um relacionamento genuinamente com Deus como Pai". Esse é o cerne da oração: não receber as coisas de Deus, mas receber Deus. A oração é onde respondemos a Deus, em retorno à sua palavra para nós, e experimentamos o que significa deleitar-se nele como um fim em si mesmo, e não apenas um meio para nossas petições. Na oração, desfrutamos o dom de sermos ouvidos por Deus (capítulo 7) e descobrimos por nós mesmos que não somos apenas servos, mas amigos (Jo 15.15). Não somos apenas ouvintes de sua palavra, mas seus próprios filhos que têm acesso a seu coração (Rm 8;15-16; Gl 4.6-7). Ele quer nos ouvir. Esse é o poder e o privilégio da oração.

Aqui vemos por que Jesus praticou tão bem o que pregava sobre a oração e como encontrar um "quarto". Ele não tinha inadequações para compensar e nenhuma dúvida sobre sua veracidade, mas desejava intensamente ter comunhão com seu Pai. E então, repetidamente, ele orava sozinho. "E, despedidas as multidões, subiu ao monte, a fim de orar sozinho" (Mt 14.23; também Mc 6.46). Não apenas uma vez, mas como

---
3 John Piper, *Quando eu não desejo Deus* (São Paulo: Cultura Cristã, 2018), p. 148.

hábito regular, ele "se retirava para lugares solitários e orava" (Lc 5.16). "Tendo-se levantado alta madrugada, saiu, foi para um lugar deserto e ali orava" (Mc 1.35).

Antes de selecionar seus doze discípulos, "retirou-se para o monte, a fim de orar, e passou a noite orando a Deus" (Lc 6.12). Mesmo no Getsêmani, três vezes ele retirou-se para orar (Mt 26.36, 42, 44; também Mc 14.32-42). Desde o início de seu ministério até as vésperas de sua crucificação, ele fez da prática da oração privada uma parte essencial de seu relacionamento com o Pai.

Assim, é difícil exagerar sobre a importância da oração particular. Ela é, de muitas maneiras, a medida de quem somos espiritualmente. A forma como oramos, diz J. I. Packer, "é a questão mais importante que podemos enfrentar".[4]

CINCO SUGESTÕES PARA ORAÇÃO SECRETA

Está claro que a oração particular é importante, até mesmo essencial, para o cristão. Mas a maneira como nos conduzimos quanto à oração particular é algo que está gloriosamente aberto para nossas várias experiências, rotinas e padrões, nas diferentes épocas de nossas vidas. Enquanto você avalia (ou inicia) seus próprios ritmos e hábitos, aqui estão cinco sugestões para enriquecer a oração particular.

1. Crie o seu quarto

Encontre o seu local habitual para a oração particular e, se não conseguir localizar um local já preparado, crie um.

---

[4] David Hanes (ed.), *My Path of Prayer: Personal Glimpses of the Glory and the Majesty of God Revealed through Experiences of Prayer* (West Sussex: Henry Walter, 1981), p. 56.

Pode ser simplesmente uma mesa limpa ou algum lugar onde você possa se ajoelhar. Muitos de nós descobrimos que ficar ao lado da cama é mais produtivo do que ficar deitado na cama. Talvez você possa encontrar um quarto de verdade, ou um espaço embaixo da escada, com espaço suficiente para sentar ou ajoelhar-se e luz suficiente para ler e até mesmo fazer anotações. Ter seu local fixo ajudará você a ser regular na oração privada.

2. Comece com a Bíblia

A oração é uma conversa que não iniciamos, mas uma resposta à iniciativa de Deus falando conosco em sua palavra; por isso, muitos de nós aprendemos, com George Mueller, a começar com as Escrituras. Mueller diz que por dez anos ele começou cada dia com uma tentativa imediata de oração fervorosa e extensa, apenas para eventualmente aprender como suas orações eram mais ricas e focadas quando eram feitas em resposta à palavra de Deus.

A partir daí, Mueller começou com uma breve oração pedindo a ajuda de Deus enquanto lia, então buscava primeiro a Bíblia e abria seu ouvido para a palavra de Deus, meditando nas Escrituras, para então passar, através da disciplina da meditação (cap. 3), para seu período diário de oração privada.[5]

3. Adore, confesse, agradeça, suplique

Depois de ler e meditar na Bíblia, e antes de abrir as portas para a "oração livre" — expressar o que estiver em nossos corações

---

[5] *A Narrative of Some of the Lord's Dealings with George Mueller, Written by Himself, Jehovah Magnified. Addresses by George Mueller Complete and Unabridged*, (Muskegon, MI: Dust and Ashes, 2003), vol. 1, p. 272–73. Para um excelente livro recente sobre este assunto, veja Donald S. Whitney, *Praying the Bible* (Wheaton, IL: Crossway, 2015).

— pode ser útil ter algum formato pronto à disposição. William Law aconselhou que as devoções matinais "tenham algo fixo e algo livre".[6] O mesmo ocorre com a oração particular.

Martinho Lutero recomendou orar a partir da Oração do Senhor com novas palavras a cada dia. Uma forma testada pelo tempo é a sigla "ACAS": adoração, confissão, agradecimento, súplica. Primeiro, *adore* a Deus com louvor pela verdade revelada em sua leitura e meditação das Escrituras; depois, *confesse* seus pecados, falhas e fraquezas; então, *agradeça* por sua graça e misericórdia e, finalmente, *suplique* a ele por você, sua família, sua igreja e tudo o mais.

4. Exponha seus desejos — e desenvolva-os

Primeiro, algo fixo; agora, algo livre. Esta é a "oração livre", onde oramos o que está em nosso coração e os fardos e ansiedades que estão sobre nós naquele dia e naquela época da vida. Na oração privada, somos o mais honesto possível com Deus e conosco mesmos. Expresse seu coração ao seu Pai. Ele já sabe, mas quer ouvir de você. Esse é um privilégio indescritível.

Mas a oração a Deus não é apenas o lugar para expor nosso coração, mas também desenvolver nossos desejos. Existe poder nisto. A oração muda nosso coração como nada mais muda — talvez especialmente quando seguimos as orações da Bíblia, nos salmos e do apóstolo (como em Ef 1.17-21; 3.16-19; Fp 1.9-11; Cl 1.9-12), como guias para moldar e expressar nossos desejos em relação a Deus.

---

6 Law, *A Serious Call to a Devout and Holy Life* (Grand Rapids, MI: Eerdmans, 1966), p. 154.

5. Renove sempre

Mude a cada novo ano, novo mês ou nova fase da vida. Regularmente, ou apenas ocasionalmente, escreva orações com foco e cuidado (esta é uma faceta valiosa da disciplina de fazer um diário, como veremos no capítulo 11), ou fortaleça seus afetos em oração com jejum (cap. 10) ou faça uma pausa no caos da vida com algum retiro especial para silêncio e a solitude (cap. 12).

Poucas coisas são tão dignas de sua atenção e investimento quanto o privilégio e o poder da oração particular.

❧

Os hábitos da oração particular regular mudarão em várias fases da vida. Houve épocas em que eu mantinha listas com tópicos para orar diariamente, ou itens para orar semanalmente. Eu tinha anotações detalhadas sobre o que estava orando em determinados dias e tentava voltar a elas para tomar notas sobre orações atendidas ou desejos alterados. Outra prática útil tem sido escrever ou digitar as orações diárias (mais sobre isso no capítulo 11, quanto a fazer um diário).

Nos últimos anos, descobri que é mais útil orar brevemente no início do meu tempo devocional algo como: "Pai, por favor, abençoe a leitura de tuas palavras para o meu coração esta manhã", tentando mantê-la renovada a cada dia. Então, depois de ler e de preferência meditar em alguma seção da leitura, tento fazer a transição para a oração com base no que venho meditando, usando o padrão geral de adoração, confissão, ação de graças, súplica (o conhecido ACAS da oração).

Normalmente começo com louvor ou adoração, falando palavras de adoração a Deus por quem ele é, o que fez por mim ou o que promete fazer à luz do texto sobre o qual meditei. Eu busco permanecer nisso, pelo menos por algumas frases, cultivando um coração de adoração enquanto procuro colocar em palavras a glória que vislumbrei em sua palavra.

Em seguida, vem a confissão. Ainda em vista dos meus momentos de meditação, confesso meus pecados, insuficiências e falhas, gerais e específicas, dependendo da verdade em questão.

Depois, procuro cultivar a gratidão a Deus, expressando palavras de agradecimento por sua graça e misericórdia, pois, apesar de sua grandeza e minha pequenez, sua santidade e minha pecaminosidade, ele me resgatou e me fez seu em Jesus.

Finalmente, volto-me para a súplica, para pedidos específicos por mim e por aqueles que amo, primeiro fluindo da verdade em foco durante a meditação e depois deixando que se amplie para o que está em minha mente e cronograma para o dia. Atualmente, meus tempos de oração têm sido quase exclusivamente guiados pela meditação e pelo que está em minha mente e coração naquele dia, em vez de ser guiado por listas.[7]

A oração privada pode ser um momento intensamente pessoal entre você e Deus. Assim deve ser. Na prática regular de ouvir a voz de Deus e responder a ele em oração, você desenvolverá seus próprios hábitos de graça para deleitar-se em Deus em oração.

---

[7] Não desprezo a oração baseada em listas, mas aconselharia você a evitar os perigos descritos por Timothy Keller, citando J. I. Packer, em *Oração: Experimentando intimidade com Deus* (São Paulo: Vida Nova, 2016), p. 241.

CAPÍTULO 9

Ore com constância e companhia

Como vimos, a oração está no cerne da vida cristã. Não é apenas obediência ao mandamento de Deus, mas é um meio vital de recebermos sua graça contínua para nossa sobrevivência e crescimento espiritual. E a alegria da oração — comunhão com Deus — é essencial para o que significa ser cristão. Sem oração, não há relacionamento verdadeiro com ele, e nenhum prazer profundo em quem ele é, mas apenas vislumbres de longe.

Como Jesus ensina, a oração privada (ou "oração no quarto") tem um papel importante a cumprir na vida do crente. Desenvolvemos nossos vários padrões e práticas de oração secreta nos ritmos de nossas vidas únicas. Encontramos nosso lugar e hora para entrar em nosso quarto, fechar a porta e orar a nosso Pai, que está em secreto (Mt 6.6). Amém para a oração particular (cap. 8). Ela é fundamental. Mas não para por aí.

LEVANDO A ORAÇÃO DURANTE O DIA

A oração começa em segredo, mas Deus não quer que ela fique no quarto. A oração é para toda a vida e, especialmente, para nossa vida em comunidade. Quando seguimos a orientação das Escrituras, não apenas praticamos a oração em particular, mas levamos seu espírito de dependência e confiança para o resto do dia, e para momentos de oração focada junto com outros crentes.

É provável que você conheça os versículos que nos levam a sussurrar orações muito depois de sairmos do quarto. "Orai sem cessar" (1Ts 5.17); "na oração, perseverantes" (Rm 12.12); "Perseverai na oração" (Cl 4.2); "orando em todo tempo" (Ef 6.18). Jesus falou sobre "o dever de orar sempre e nunca esmorecer" (Lc 18.1). Esses textos nos aconselham a não ficar o dia todo no quarto, mas a manter uma postura de oração na alma, enquanto nos entregamos totalmente às nossas tarefas e compromissos diários — e a, em um momento, estarmos prontos para buscar conscientemente a Deus no carro, esperando na fila, enquanto caminhamos, antes de uma refeição, no meio de uma conversa difícil e em qualquer outra situação.

"Em qualquer lugar que Deus se encontre, lá está a oração", escreve Tim Keller. "Uma vez que Deus está em toda parte e é infinitamente grande, a oração deve permear toda a nossa vida".[1]

O PONTO ALTO: ORAR JUNTOS

O ponto alto da oração que permeia toda a nossa vida, para fora da porta do quarto, é orar junto com outros cristãos. Arranjar uma companhia para a oração consome mais energia do que uma oração sussurrada em meio à correria. É preciso planejamento, iniciativa e sincronização de horários, de uma forma que a oração particular não exige. Mas vale a pena cada porção de esforço.

---

[1] Timothy Keller, *Oração: Experimentando intimidade com Deus* (São Paulo: Vida Nova, 2016), p. 37.

E assim temos pelo menos duas frentes para uma vida saudável de oração. Oramos pessoalmente, em secreto e em movimento, e oramos comunitariamente, resistindo à privatização de nossas orações, não apenas pedindo a outros que orem por nós, mas especialmente tendo outros para orar *conosco*.

CRISTO E SUA COMPANHIA

Se qualquer vida humana pudesse ficar bem sem companhia regular de oração, seria a de Jesus. Porém, repetidamente, temos vislumbres de uma vida de oração que não era apenas pessoal, mas comunitária. "Tomando consigo a Pedro, João e Tiago, subiu ao monte com o propósito de orar" (Lc 9.28); ele respondeu com alegria à pergunta: "Senhor, ensina-nos a orar" (Lc 11.1), com uma oração comunitária ao "Pai *nosso*", marcada pelo uso repetido de "nós" e "nosso".

O texto clássico sobre Jesus permitir que outros invadissem seu espaço de oração é Lucas 9.18: "Estando ele orando à parte, achavam-se presentes os discípulos". Raramente ele se separava desses homens (e só para orar, ver Mt 14.23; Mc 1.35; Lc 5.16), e sem dúvida uma de suas atividades regulares juntos era a oração. Manter tal companhia de oração deve ter desempenhado um papel na "intrepidez de Pedro e João", "que eram homens iletrados e incultos", quando "reconheceram que haviam eles estado com Jesus" (At 4.13).

A oração comunitária de Jesus com seus homens levou então à oração comunitária na igreja primitiva que eles lideraram. Isso fica explícito em quase todas as passagens do livro de Atos.

- "Todos estes perseveravam unânimes em oração" (1.14; também 2.42).
- "Unânimes, levantaram a voz a Deus" (4.24), e o encheram-se do Espírito Santo depois de orarem juntos (v. 31).
- A igreja escolheu os sete e "orando, lhes impuseram as mãos" (6.6).
- Enquanto Pedro estava na prisão, "havia oração incessante a Deus por parte da igreja a favor dele" (12.5), e quando ele escapou milagrosamente, descobriu que "muitas pessoas estavam congregadas e oravam" (v. 12).
- Foi "jejuando, e orando" que a igreja em Antioquia enviou Paulo e Barnabé na primeira viagem missionária (13.3), e "promovendo-lhes, em cada igreja, a eleição de presbíteros, depois de orar com jejuns, os encomendaram ao Senhor em quem haviam crido"(14.23).
- Mesmo na prisão, "Paulo e Silas oravam e cantavam louvores a Deus" (16.25).
- E em um adeus emocionado aos presbíteros de Éfeso, Paulo "ajoelhando-se, orou com todos eles" (20.36; também 21.5).

CINCO CONSELHOS PARA ORAR COM COMPANHIA

Nossa necessidade da ajuda de Deus hoje não é menor do que a da igreja primitiva, e orar *juntos* continua sendo um meio vital da graça contínua de Deus na vida cristã e para nossas comunidades.

Que a igreja primitiva orava junta é claro; os detalhes de como eles faziam isso não são. Isso é significativo.

Não existe um padrão único para a oração comunitária, seja aos pares ou dezenas, centenas ou milhares. As práticas de orar juntos variam de família para família, igreja para igreja e comunidade para comunidade com base no contexto, liderança e história compartilhada. Líderes sábios observam quais hábitos e práticas já existem no grupo, quais são úteis e podem ser encorajados e quais podem ser prejudiciais a longo prazo e podem ser substituídos.

Aqui estão cinco lições que aprendi ao liderar a oração em pequenos grupos nos últimos anos. Talvez uma ou duas sejam boas para a família, pequeno grupo ou igreja que você lidera ou da qual faz parte.

1. Torne-a regular

Faça da oração regular com companhia uma parte de sua rotina semanal ou quinzenal. Em vez de algo esporádico, planeje um tempo e um lugar para se reunir com outros cristãos e orar. Quanto à duração do compromisso, façam um acordo definido juntos, em vez de um plano eterno e indefinido. Quando o prazo especificado terminar, renove ou reconsidere. Compromissos de oração regulares sem uma data de término tendem a enfraquecer com o tempo e podem gerar desânimo para compromissos futuros.

2. Comece com as Escrituras

A oração cristã em sua forma mais verdadeira vem em resposta à autorrevelação de Deus para nós. É, como George Herbert escreveu, "o sopro de Deus no homem voltando ao seu nascimento".[2] Portanto, é apropriado começar as sessões de oração comunitária com alguma âncora nas próprias palavras de Deus para nós, lendo uma passagem ou referindo-se a algum lugar nas Escrituras como uma espécie de "chamada à oração". Inspiramos as Escrituras e expiramos em oração.

3. Limite o tempo de compartilhamento

Pode ser fácil permitir que o compartilhamento de pedidos devore a oração em conjunto de fato. Faça uma introdução curta, leia uma passagem e comece a orar. Incentive as pessoas a compartilharem seus pedidos incluindo as informações necessárias na própria oração, para permitir que outras pessoas entendam pelo que estão orando.

4. Incentive a brevidade e o foco

O ambiente comunitário não se beneficia com divagações. Isso desafia a atenção e o foco até mesmo dos guerreiros de oração mais devotos e contribui para estabelecer um padrão de duração inacessível para muitos e um modelo pobre para todos. Em momentos adequados, peça orações curtas e concentradas; se possível, inclua um período explícito de louvores ou agradecimentos em uma frase que possa encorajar mais pessoas a participarem.

5. Ore sem se exibir, mas considerando os outros

Lembre-se de que a oração comunitária não é para impressionar outras pessoas (algumas personalidades precisam

---

2 George Hebert, "Prayer (I)", *Poetry Foundation*, www.poetryfoundation.org/poem/173636 (acesso em: 2 de maio de 2022).

especialmente de lembretes regulares), mas para reunir outras pessoas conosco em nossos louvores, confissões, ações de graças e pedidos. No entanto, cuidar de nossa propensão a nos exibirmos na oração não significa que esquecemos ou negligenciamos os demais presentes.

A boa oração comunitária não é apenas dirigida a Deus, mas considera nossos companheiros de oração. Isso significa que, como Jesus, oramos na maioria das vezes com "nós", "nos" e "nosso", e com autenticidade e franqueza apropriadas aos que estão reunidos.

NOVE BENEFÍCIOS DE ORAR EM COMPANHIA

É quase bom demais para ser verdade (quase) que em Jesus temos os próprios ouvidos de Deus. É uma dádiva indescritível que o Deus cuja grandeza está além da compreensão realmente se incline para nos ouvir.

Mas as alegrias e benefícios da oração não se limitam à nossa vida pessoal de oração. Alegria compartilhada é alegria em dobro e, como vimos, Deus quer que não oremos apenas em nosso quarto, e "sem cessar" (1Ts 5.17) conforme avançamos pela vida em um espírito de dependência, mas que oremos em companhia.

Um benefício inestimável acontece, sem dúvida, quando o regenerado se reúne com seus companheiros; já passou da hora de descobrir tudo que Deus faz quando oramos juntos. Ainda assim, é útil descobrir alguns dos benefícios e aguçar nosso apetite por algumas das graças das quais nossa oração em conjunto é um meio. Portanto, para nos ajudar a celebrar o lugar e o poder da oração comunitária, aqui estão nove benefícios de orar em companhia.

1. Mais poder

Mateus 18.15-20 pode ser um dos textos mais mal compreendidos do Novo Testamento. A promessa frequentemente citada "onde estiverem dois ou três reunidos em meu nome, ali estou no meio deles" (v. 20) vem no final de uma seção sobre disciplina na igreja, "se teu irmão pecar [contra ti]" (v. 15). No entanto, Jesus apela a um princípio mais profundo aqui, que é um benefício da oração comunitária. Ele diz: "se dois dentre vós, sobre a terra, concordarem a respeito de *qualquer coisa* que, porventura, pedirem" (v. 19). Há um poder adicional em nossas orações quando nos unimos aos companheiros na fé e fazemos nossos pedidos ao Pai com nossos corações unidos.

2. Alegria multiplicada

Vamos deixar explícito o que dissemos acima: Quando compartilhamos a alegria da oração, dobramos nossa alegria. Quando temos a prática regular de orar junto com nossos irmãos na fé, nos beneficiamos de um canal de alegria que, sem isso, estaríamos negligenciando. E ao orar com os outros, não apenas aumentamos nossa alegria, mas também a deles. E quando ajudamos outros em sua alegria em Deus (2Co 1.24), nós novamente aumentamos a nossa.

3. Maior glória a Deus

Nossa alegria multiplicada em Deus resulta em glória multiplicada para Deus — porque *Deus é mais glorificado em nós quando estamos mais satisfeitos nele.*[3] Se entendemos gratidão a Deus em termos de glória a ele — o que devemos fazer à luz de Romanos 1.21, onde dar graças a ele está relacionado a honrá-lo como Deus — então 2 Coríntios 1.11 torna esta verdade explícita em relação à oração: "ajudando-nos também vós, com as vossas orações a nosso favor, para que, por muitos, sejam dadas graças a nosso respeito, pelo benefício que nos foi concedido por meio de muitos". Orar juntos não apenas acrescenta poder ao pedido, mas também significa mais glória para o Doador quando ele responde.

4. Ministério e missão frutíferos

Deus quer que oremos uns pelos outros em nossos vários ministérios e manifestações da missão, à luz de nossa grande comissão compartilhada. Paulo exemplificou isso ao pedir às igrejas que orassem por sua obra evangelística (Rm 15.30-32; 2Co 1.11; Ef 6.18-20; Cl 4.3-4; 2Ts 3.1) Ele mesmo era mais do que capaz de orar por essas coisas individualmente, e sem dúvida o fez. Mas ele previu que haveria maior produtividade na obra quando outros se juntassem a ele em oração por ela.

5. Unidade entre os crentes

Orar juntos é uma das coisas mais significativas que podemos fazer em grupo para cultivar a unidade na igreja. Há uma unidade que é dada àqueles que são companheiros em Cristo e compartilham a vida espiritual nele. Atos 1.14 diz que os primeiros cristãos "perseveravam unânimes em oração".

---

3 Este é o refrão de John Piper em todo a sua obra, e a missão do desiringGod.org, no qual atuo como editor executivo, é ajudar as pessoas em todos os lugares a compreender e adotar essa verdade.

Já temos "a unidade do Espírito", mas devemos nos esforçar diligentemente para preservá-la (Ef 4.3). Portanto, orar juntos é tanto um efeito da unidade que já temos em Cristo quanto a causa de uma unidade mais profunda e rica. Não é apenas um sinal de que existe unidade entre os irmãos, mas também um catalisador de mais unidade.

6. Respostas que de outra forma não obteríamos

Tiago 5.14-16 indica que existem algumas respostas à oração que simplesmente não obteríamos sem envolver outras pessoas em nossa oração.

> Está alguém entre vós doente? Chame os presbíteros da igreja, e estes façam oração sobre ele, ungindo-o com óleo, em nome do Senhor.[4] E a oração da fé salvará o enfermo,

---

[4] Muito poderia ser dito sobre o ato de ungir com óleo. Embora este não seja o lugar para um tratamento completo, vale a pena resumir brevemente, em um livro sobre os meios da graça, a essência desse ato e como ele pode acompanhar a oração como meio de graça para o cristão.

Alguns especularam que a unção em Tiago 5 é medicinal e que as instruções são simplesmente usar o remédio da época junto com a oração. Essa visão parece ignorar a riqueza da teologia bíblica sobre o simbolismo e o significado da unção — uma teologia que culmina no próprio Cristo como o Ungido (*Cristo* significa "ungido").

Em toda a Bíblia, a unção com óleo simboliza a consagração a Deus (Ex 28.41; Lc 4.18; At 4.27; 10.38; 2Co 1.21; Hb 1.9), com Cristo sendo a maior manifestação de consagração a Deus em sua vida humana perfeita, morte humana sacrificial e ressurreição humana vitoriosa. Ungir com óleo é um ato corporal externo que acompanha e dá expressão ao desejo interno e à disposição de fé de dedicar alguém ou algo a Deus de alguma forma especial.

Aqui em Tiago 5, como Douglas Moo escreve: "Ao orarem, os presbíteros podiam ungir a pessoa doente, a fim de simbolizar que ela estava sendo 'separada' para receber atenção e cuidado especiais de Deus". Douglas Moo, *Tiago: introdução e comentário* (São Paulo: Vida Nova, 1990), p. 178. Semelhante a Tiago 5.14, Marcos 6.13 menciona a unção com óleo como um meio de graça que acompanha a

e o Senhor o levantará; e, se houver cometido pecados, ser-lhe-ão perdoados. Confessai, pois, os vossos pecados uns aos outros e orai uns pelos outros, para serdes curados. Muito pode, por sua eficácia, a súplica do justo.

Deus quer que algumas respostas à oração esperem nossa união a outros. Frequentemente, oramos sozinhos por nossas necessidades pessoais, e Deus se apraz em responder. Mas às vezes, seus meios incluem os líderes da igreja, ou apenas a simples oração de mais um pecador tornado justo em Cristo.

7. Aprender e crescer em nossas orações

Pura e simplesmente, a melhor maneira de aprender a orar é orar com outras pessoas que tiveram suas orações moldadas pelas Escrituras. Ouça aqueles ao seu redor que estão tão familiarizados com Deus em oração a ponto de regularmente atrair outros à comunhão com ele por meio de seus louvores e petições. Observe cuidadosamente como eles se achegam a Deus, ao tipo de coisas que agradecem e pedem, e como eles consideram os outros no ambiente comunitário. E além do que temos consciência, seremos moldados profundamente ao unirmos nossos corações aos de outras pessoas em oração.

8. Conhecer uns aos outros

Uma das melhores maneiras de conhecer outros crentes é orando juntos. É em oração, na presença consciente de Deus, que temos mais probabilidade de deixar as máscaras caírem.

---

oração dos apóstolos pelos enfermos. Os discípulos "curavam numerosos enfermos, ungindo-os com óleo". Ele não produz cura automaticamente, mas é uma expressão de súplica que intensifica a oração a Deus, pedindo e esperando que ele cure.

Você ouve seus corações na oração como em nenhum outro lugar. Quando oramos juntos, não apenas revelamos o que mais domina nosso coração e é realmente nosso tesouro, mas quando oramos juntos, diz Jack Miller, "é possível dizer se um homem ou uma mulher tem de fato um diálogo com Deus".[5]

9. Conhecer melhor a Jesus

Deixando o mais importante por último, o maior benefício em orar juntos é que conhecemos Jesus melhor quando oramos em seu nome em companhia de outros que o amam. Com nossa visão e perspectiva limitadas, há partes de Cristo que tendemos a ver com mais clareza do que outras. Nossas próprias experiências e personalidades enfatizam alguns aspectos de sua glória e nos cegam para outros. Por isso Tim Keller observa: "Ao orar com amigos, você será capaz de ouvir e ver facetas de Jesus que ainda não percebeu".[6]

E uma vez que o grande propósito da oração não é obter coisas de Deus, mas obter Deus, talvez esse benefício por si só seja suficiente para inspirá-lo a iniciar ou aceitar a próxima oportunidade de orar em companhia de alguém.

---

5 Timothy Keller, *Oração: Experimentando intimidade com Deus* (São Paulo: Vida Nova, 2016), p. 33.
6 Ibid., p. 126.

CAPÍTULO 10
Afie suas afeições com o jejum

O jejum tem passado por tempos difíceis — pelo menos, ao que parece, entre os estômagos cheios de muitas de nossas igrejas. Falo como um dos bem alimentados.

Certamente, você encontrará exceções aqui e ali. Alguns bolsões valorizam tanto o contracultural a ponto de conduzir seus veículos para o fosso do ascetismo. Mas eles estão em número muito menor do que o resto de nós, nadando na direção oposta. Os perigos do ascetismo são grandes, superados apenas pelos do excesso de condescendência.

Nosso problema pode ser a forma como pensamos sobre o jejum. Se a ênfase for na abstinência, e o jejum for um mero dever a cumprir, então apenas os mais obstinados entre nós superarão os obstáculos sociais e de autossatisfação para realmente colocar essa disciplina em prática.

Mas se formos despertados para ver o jejum pela alegria que ele pode trazer, como um meio da graça de Deus para fortalecer e aprofundar nossos afetos para com Deus, então podemos estar diante de uma nova ferramenta poderosa para enriquecer nosso prazer em Jesus.

O QUE É O JEJUM?

O jejum é uma medida excepcional, projetada para canalizar e expressar nosso desejo por Deus e nosso santo descontentamento em um mundo caído. É para aqueles que não estão satisfeitos com o status quo. Para os que desejam mais da graça de Deus. Para os que se sentem verdadeiramente necessitados de Deus.

As Escrituras incluem muitas formas de jejum: pessoal e comunitário, público e particular, congregacional e nacional, regular e ocasional, parcial e absoluto. Normalmente, pensamos no jejum como uma renúncia voluntária à comida por um tempo limitado, por um propósito espiritual expresso.

Também podemos fazer jejum de outras coisas boas além de comida e bebida. Martyn Lloyd-Jones disse: "O jejum, na realidade, deveria incluir a abstinência de qualquer coisa, legítima em si mesma, tendo-se em vista algum propósito espiritual especial".[1] Mas o jejum cristão normal significa de maneira privada e ocasional escolher ficar sem comida (mas não sem água) por algum período especial (um dia, três, sete etc.) em vista de algum propósito espiritual específico.

De acordo com Donald S. Whitney, os propósitos espirituais do jejum incluem:

- ✦ Fortalecer a oração (Ed 8.23; Jl 2.13; At 13.3);
- ✦ Buscar a orientação de Deus (Jz 20.26; At 14.23);
- ✦ Expressar lamento (1Sm 31.13; 2Sm 1.11-12);

---

[1] D. Martyn Lloyd-Jones, *Estudos no sermão do monte* (São José dos Campos: Editora Fiel, 2014), p. 325.

- Buscar libertação ou proteção (2Cr 20.3-4; Ed 8.21-23);
- Expressar arrependimento e voltar para Deus (1Sm 7.6; Jn 3.5-8);
- Humilhar-se diante de Deus (1Rs 21.27-29; Sl 35.13);
- Expressar preocupação com a obra de Deus (Ne 1.3-4; Dn 9.3);
- Ministrar às necessidades do próximo (Is 58.3-7);
- Vencer a tentação e dedicar-se a Deus (Mt 4.1-11);
- Expressar amor e adoração a Deus (Lc 2.37).[2]

Embora os potenciais propósitos sejam muitos, será mais útil concentrarmos nossos pensamentos sobre o jejum, neste breve capítulo, nesse último ponto. Ele abrange todos os outros e atinge a essência do que torna o jejum um meio de graça tão poderoso.

Whitney descreve desta maneira: "O jejum pode ser a expressão de ter encontrado o seu maior prazer e alegria na vida em Deus". E ele cita uma frase útil de Matthew Henry, que diz que o jejum serve para "afiar as afeições da devoção".[3]

JESUS PRESUME QUE JEJUAREMOS

Embora o Novo Testamento não inclua a ordem para que os cristãos jejuem em determinados dias ou com uma frequência específica, Jesus claramente presume que jejuaremos.

---

[2] Donald S. Whitney, Spiritual Disciplines for the Christian Life, ed. rev. (Colorado Springs: NavPress, 2014), p. 200–17 [edição em português: *Disciplinas espirituais* (São Paulo: Editora Batista Regular, 2021)].

[3] Matthew Henry, *Commentary on the Whole Bible* (Nova York: Funk and Wagnalls, s.d.), vol. 4, p. 1478, citado em *Spiritual Disciplines for the Christian Life*, p. 214.

É uma ferramenta poderosa demais para ficar o tempo todo na prateleira juntando poeira. Embora muitos textos bíblicos mencionem o jejum, os dois mais importantes aparecem separados por apenas alguns capítulos no Evangelho de Mateus.

O primeiro é Mateus 6.16-18, que vem em sequência aos ensinamentos de Jesus sobre generosidade e oração:

> Quando jejuardes, não vos mostreis contristados como os hipócritas; porque desfiguram o rosto com o fim de parecer aos homens que jejuam. Em verdade vos digo que eles já receberam a recompensa. Tu, porém, quando jejuares, unge a cabeça e lava o rosto, com o fim de não parecer aos homens que jejuas, e sim ao teu Pai, em secreto; e teu Pai, que vê em secreto, te recompensará.

O jejum é tão básico para o Cristianismo quanto pedir a Deus ou doar ao próximo. A chave aqui é que Jesus não diz "se você jejuar", mas "quando você jejuar".

O segundo é Mateus 9.14-15, que talvez seja ainda mais claro. Os cristãos de hoje ainda devem jejuar? A resposta de Jesus é um retumbante *sim*.

> Vieram, depois, os discípulos de João e lhe perguntaram: Por que jejuamos nós, e os fariseus [muitas vezes], e teus discípulos não jejuam? Respondeu-lhes Jesus: Podem, acaso, estar tristes os convidados para o casamento, enquanto o noivo está com eles? Dias virão, contudo, em que lhes será tirado o noivo, e nesses dias hão de jejuar. (Mt 9.14-15)

Quando Jesus, nosso noivo, estava aqui na terra entre seus discípulos, era um tempo para a disciplina do banquete.[4] Mas agora que ele foi "tirado" de seus discípulos, eles "hão de jejuar". Não é que eles "poderão jejuar, se for o caso", mas "hão de jejuar". Isso é confirmado pelo padrão de jejum que surgiu imediatamente, na igreja primitiva (At 9.9; 13.2; 14.23).

AFIE SEUS SENTIMENTOS

O que torna o jejum uma dádiva tão especial é sua capacidade, com a ajuda do Espírito Santo, de direcionar nossos sentimentos e expressão a Deus em oração. O jejum caminha ombro a ombro com a oração. Como diz John Piper, o jejum é "o servo faminto da oração", que "revela e corrige":

> Ele revela a medida do domínio da comida sobre nós —
> ou da televisão, do computador ou qualquer outra coisa
> a qual nos submetemos para ocultar a ausência de nossa

---

[4] Muito poderia ser dito sobre o banquete como uma disciplina espiritual a ponto de preencher um capítulo inteiro, mas talvez eu possa fazer ainda melhor, recomendando a você o trabalho de Joe Rigney em *As coisas da terra: estimar a Deus ao desfrutar de suas obras* (Brasília: Monergismo, 2017). Alguns leitores podem supor que os estômagos fartos dificilmente precisam de qualquer instrução sobre banquetes, visto que nos acostumamos a isso, ao passo que o jejum é a disciplina grosseiramente em falta. É verdade que o jejum é amplamente negligenciado e muitas vezes esquecido, mas o verdadeiro banquete também está em declínio devido à familiaridade, ao abuso e à falta de propósito espiritual. Quando todo dia se torna uma celebração, nenhum dia é verdadeiramente uma celebração. Precisamos recuperar o significado espiritual de celebrarmos juntos na fé — não simplesmente desfrutar, mas celebrar explicitamente juntos, em ocasiões especiais, a generosidade e a bondade de nosso Criador e Redentor. Para o cristão, nosso consumo diário normal deve ser caracterizado por moderação, de maneira que o banquete seja algo que possamos desfrutar em ocasiões especiais, pela fé e em boa consciência, em vez de ser o básico de todos os dias. A contenção diária mantém nossos estômagos preparados para os momentos de jejum e torna possível uma espécie de satisfação especial nos dias de banquete.

fome por Deus. Ele corrige ao intensificar a seriedade de nossa oração e dizer com o nosso corpo o que a oração diz com o coração: desejo estar satisfeito apenas em Cristo![5]

Aquela queimação interna, o fogo em seu estômago, ardendo para que você o alimente com mais comida, sinaliza a hora da ação para o jejum como um meio de graça. Somente quando abraçamos voluntariamente a dor de um estômago vazio é que vemos o quanto permitimos que nossa barriga seja nosso deus (Fp 3.19).

E nesse desconforto torturante da fome crescente está o motor do jejum, gerando o lembrete de direcionar a Deus o nosso anseio pela comida, e inspirar maiores anseios por Jesus. O jejum, diz Piper, é o ponto de exclamação físico no final da frase: "Ó Deus, eis o quanto te desejo!"[6]

VOCÊ VAI JEJUAR?

Poderíamos falar mais sobre a rica teologia por trás do jejum cristão, mas esse hábito da graça é bastante simples. A questão é: você se beneficiará desse poderoso meio da graça de Deus?

Jejuar, assim como o evangelho, não é para os autossuficientes e aqueles que sentem que tudo está em ordem. É para os pobres de espírito. É para os que choram. Para os mansos. Para os que têm fome e sede de justiça. Em outras palavras, o jejum é para cristãos.

---

5 John Piper, *Quando eu não desejo Deus* (São Paulo: Cultura Cristã, 2018), p. 165.
6 John Piper, *Hunger for God* (Wheaton, IL: Crossway, 2013), p. 25-26 [edição em português: *Fome por Deus*. São Paulo: Cultura Cristã, 2013]. Para um tratamento mais completo sobre o jejum, consulte *Fome por Deus*.

É uma medida desesperada, para tempos de desespero, entre aqueles que se reconhecem desesperados por Deus.

❦

O CAMINHO LENTO PARA O BOM JEJUM

Provavelmente, você está entre o grande número de cristãos que raramente ou nunca jejuam. Não é porque não lemos nossas Bíblias, não assistimos a pregações fiéis, não ouvimos sobre o poder do jejum ou porque não queremos genuinamente fazer isso. Nós simplesmente acabamos nunca fazendo jejum.

Parte disso pode ser porque vivemos em uma sociedade em que a comida é tão onipresente que comemos não apenas quando não precisamos, mas às vezes quando nem mesmo queremos. Comemos para partilhar uma refeição com outras pessoas, para construir ou desenvolver relacionamentos (e são bons motivos), ou apenas por pressão dos colegas.

E, claro, existem nossos próprios anseios e desejos de conforto que nos afastam do desconforto do jejum.

QUANDO VOCÊ JEJUAR

O jejum é marcadamente contracultural em nossa sociedade consumista, assim como abster-se de sexo até o casamento. Se queremos aprender a arte perdida do jejum e saborear seu doce fruto espiritual, não será com nossos ouvidos atentos à sociedade, mas com nossas Bíblias abertas. Então, nossa preocupação não será se jejuaremos ou não, mas quando. Como vimos, Jesus presume que seus seguidores jejuarão e promete que isso acontecerá. Ele não diz "se", mas "quando jejuardes" (Mt 6.16); e não diz que seus seguidores talvez jejuem, mas "hão de jejuar" (Mt 9.15).

Jejuamos nesta vida porque cremos na vida por vir. Não precisamos obter tudo aqui e agora, porque temos a promessa de que teremos tudo na era por vir. Jejuamos do que podemos ver e provar, porque provamos e vimos a bondade do Deus invisível — e estamos desesperadamente famintos por mais dele.

MEDIDA RADICAL E TEMPORÁRIA

O jejum é para este mundo, para exercitar nosso coração a obter ar fresco, acima da dor e dos problemas ao nosso redor. E é por causa do pecado e da fraqueza dentro de nós, pelos quais expressamos nosso descontentamento e ansiamos por mais de Cristo.

Quando Jesus voltar, o jejum acabará. É uma medida temporária, para esta vida e época, para enriquecer nossa alegria em Jesus e preparar nossos corações para o porvir e para vê-lo face a face. Quando ele retornar, ele não proclamará um jejum, mas dará um banquete; então, toda a santa abstinência terá servido ao seu propósito glorioso e será vista por todos como a dádiva que foi.

Mas até lá, jejuaremos.

COMO COMEÇAR A JEJUAR

Jejuar é difícil. Parece muito mais fácil no conceito do que na prática. Pode ser surpreendente como nos sentimos tensos quando perdemos uma refeição. Muitos novos jejuadores idealistas já decidiram pular uma refeição, mas logo descobriram que suas barrigas os levaram a deixar de lado seu propósito muito antes de chegar a próxima refeição.

O jejum parece tão simples, mas o mundo, nossa carne e o Diabo conspiram para introduzir todos os tipos de complicações que impedem que isso aconteça. Para ajudá-lo a iniciar o longo caminho para um bom jejum, aqui estão seis conselhos simples. Essas sugestões podem parecer pedantes, mas espero que esses conselhos básicos possam servir àqueles que são novos no jejum ou que nunca tentaram seriamente.

1. Comece aos poucos

Não comece com uma semana inteira de jejum. Comece com uma refeição; você pode jejuar em uma refeição por semana durante várias semanas. Depois, tente duas refeições e avance para um jejum de um dia inteiro. Talvez, eventualmente, você possa tentar um jejum de dois dias, tomando apenas sucos.

Um jejum de suco significa abster-se de todos os alimentos e bebidas, exceto suco e água. Permitir-se tomar suco fornece nutrientes e açúcar para manter o corpo funcionando, enquanto ainda sente os efeitos de ficar sem alimentos sólidos (não é recomendado que você se abstenha de água durante nenhum jejum).

2. Planeje o que você fará em vez de comer

O jejum não é apenas um ato de autoprivação, mas uma disciplina espiritual para buscar mais da plenitude de Deus. Isso significa que devemos ter um plano do que buscar positivamente no tempo que normalmente usamos para comer.

Passamos boa parte do dia com um garfo na mão. Uma parte significativa do jejum é o tempo que ele cria para a oração e meditação na palavra de Deus.

Antes de mergulhar de cabeça em um jejum, elabore um plano simples. Conecte-o ao propósito de seu jejum. Cada jejum deve ter um propósito espiritual específico. Identifique qual é o propósito e defina um foco para substituir seu tempo de comer. Sem um propósito e um plano, não é um jejum cristão; é apenas passar fome.

3. Considere como isso afetará os outros

O jejum não é licença para sermos rudes. Seria triste não nos preocupar ou cuidar dos outros ao nosso redor por causa dessa expressão de foco mais intenso em Deus. Amor a Deus e ao próximo andam juntos. O bom jejum mistura a preocupação horizontal com a vertical. Na verdade, os outros deveriam se sentir mais amados e cuidados quando estamos jejuando.

Portanto, ao planejar seu jejum, considere como isso afetará outras pessoas. Se você regularmente almoça com colegas ou janta com a família ou amigos, avalie como sua abstinência os afetará e avise-os com antecedência, em vez de apenas não comparecer ou avisá-los em cima da hora.

Além disso, considere esta inspiração alternativa para o jejum: se você tem o hábito diário ou semanal de comer com um determinado grupo de amigos ou familiares e esses planos são interrompidos por viagem, férias de alguém ou por circunstâncias atípicas, considere isso como uma oportunidade para jejuar, em vez de comer sozinho.

4. Experimente diferentes tipos de jejum

A forma típica de jejum é pessoal, particular e parcial, mas encontramos uma variedade de formas na Bíblia: pessoal e comunitário, particular e público, congregacional e nacional, regular e ocasional, absoluto e parcial.

Em particular, considere jejuar com sua família, pequeno grupo ou igreja. Vocês compartilham alguma necessidade especial de sabedoria e orientação de Deus? Existe uma dificuldade incomum na igreja, ou sociedade, para a qual você precisa da intervenção de Deus? Você quer manter a segunda vinda de Cristo em vista? Suplique com especial fervor pela ajuda de Deus, dando as mãos a outros crentes para jejuarem juntos.

5. Jejue de algo além de comida

O jejum de comida não é necessariamente para todos. Algumas condições de saúde afastam até os mais devotos do cardápio tradicional. No entanto, o jejum não se limita a se abster de alimentos, como vimos com Martyn Lloyd-Jones: "O jejum, na realidade, deveria incluir a abstinência de qualquer coisa, legítima em si mesma, tendo-se em vista algum propósito espiritual especial".[7]

Se o mais sábio para você, em sua condição de saúde, é não ficar sem comer, considere jejuar de televisão, computador, redes sociais ou de algum outro tipo de diversão regular que incline seu coração para um deleite maior em Jesus. Paulo fala até mesmo sobre casais que jejuam de sexo "por algum tempo, para vos dedicardes à oração" (1Co 7.5).

---

7 D. Martyn Lloyd-Jones, *Estudos no sermão do monte* (São José dos Campos: Editora Fiel, 2014), p. 325.

6. Não pense no elefante na sala

Quando seu estômago vazio começar a roncar e a enviar a seu cérebro todos os sinais possíveis de "alimente-me", não se contente em deixar sua mente pensar no fato de que você não comeu. Se você conseguir passar por isso devido apenas a uma grande determinação pessoal e dizendo não ao seu estômago, mas sem conduzir sua mente para outro lugar, esse não é o verdadeiro jejum.

O jejum cristão volta sua atenção para Jesus ou alguma grande causa dele no mundo. O jejum cristão busca usar as dores da fome e torná-las o tom de algum hino eterno, seja lutando contra algum pecado, clamando pela salvação de alguém, pela causa dos não nascidos, ou ansiando por um prazer maior em Jesus.

CAPÍTULO 11

O diário como um caminho para a alegria

Talvez você nunca tenha pensado em um diário como um possível meio de graça. Parece algo apenas para o mais narcisista dos introvertidos, ou algo fofo para meninas, mas impraticável para adultos. *Quem, eu? Um diário? Estou muito ocupado com o hoje e o amanhã para gastar mais tempo com o ontem.* Talvez você tenha razão. Talvez sua noção de diário esteja muito voltada para o próprio umbigo e quase nada para seu valor real.

Mas, e se houvesse outra visão? E se o diário não fosse simplesmente para registrar o passado, mas se preparar para o futuro? E se, por causa da graça de Deus em nosso passado e suas promessas para o nosso futuro, o diário aprofundasse sua alegria no presente?

Talvez nenhum novo hábito possa enriquecer sua vida espiritual tanto quanto manter um diário.

SEM MANEIRA ERRADA, SEM OBRIGAÇÃO

Um bom diário é de fato o que você fizer dele. Pode ser um documento no seu computador ou apenas um bom e velho caderno. Pode ser formal ou informal, ter anotações longas ou curtas, ser uma parada diária ou algo apenas ocasional. Pode ser um lugar para registrar as providências de Deus, escavar as camadas do seu próprio coração, escrever orações, meditar nas Escrituras e sonhar com o futuro.

O objetivo não é deixar um catálogo impressionante de suas realizações incríveis e percepções brilhantes para as gerações futuras lerem e admirarem. Deixe essa ideia morrer antes de pegar sua caneta. O objetivo é a glória de Cristo, não a sua, em seu progresso contínuo à semelhança dele, para a expansão e enriquecimento de sua alegria.

Mesmo que muitos dos salmos possam ser lidos como anotações de diário divinamente inspiradas, as Escrituras não nos ordenam manter um diário em lugar algum. Ao contrário de outras disciplinas espirituais, Jesus não nos deixou nenhum modelo para o diário; ele não tinha um.

O diário não é essencial para a vida cristã. Mas é uma oportunidade poderosa, especialmente com as tecnologias que temos disponíveis hoje. Muitos ao longo da história da igreja e ao redor do mundo encontraram no diário um meio regular da graça de Deus em suas vidas.

POR QUE UM DIÁRIO?

Com os olhos da fé, a vida cristã é uma grande aventura, e um diário pode ser muito benéfico para amadurecer nossa alegria ao longo da jornada. Sempre há mais acontecendo em nós e ao nosso redor do que podemos apreciar no momento. O registro no diário é uma forma de desacelerar a vida por apenas alguns momentos e tentar processar pelo menos um fragmento dela para glorificarmos a Deus, crescermos e nos desenvolvermos e saborearmos os detalhes.

Fazer anotações no diário tem o apelo de misturar os movimentos de nossa vida com a mente de Deus. Permeado com oração e saturado com a palavra de Deus, ele pode ser uma maneira poderosa de ouvir a voz de Deus nas Escrituras e tornar conhecidos dele nossos pedidos. Pense nisso como uma subdisciplina da nutrição bíblica e, principalmente, da oração. Deixe que o espírito de oração permeie e deixe a palavra de Deus inspirar, moldar e dirigir o que você pondera e escreve.

Para capturar o passado

Um bom registro no diário é muito mais do que simplesmente capturar o passado, mas registrar eventos passados é um de seus instintos mais comuns. O cristão reconhece isso como a providência de Deus. Quando algum evento importante acontece conosco ou ao nosso redor, ou algo inusitado surge com um toque divino, um diário é um lugar para capturar isso e torná-lo disponível para referências futuras.

Escrever fornece uma oportunidade de gratidão e louvor a Deus, não apenas no momento, mas também no dia em que retornarmos ao que registramos. Sem capturar algum breve registro desta boa providência ou daquela resposta à oração, esquecemos rapidamente a bênção ou a frustração, e perdemos a chance de ver com especificidade mais tarde como "esta graça me trouxe a salvo até aqui", nas palavras do famoso hino de John Newton.[1] Um diário também se torna um lugar onde

---

[1] N. E.: Tradução de parte do hino *Amazing Grace*, de John Newton (em português: hino 314 do Hinário para o Culto Cristão; hino 48 do Livro de Canto da IECLB).

podemos relembrar não apenas o que aconteceu, mas como estávamos pensando e sentindo a respeito naquele momento.

Mas um bom diário não se trata apenas de ontem; é também crescer rumo ao futuro.

Para construir um futuro melhor

Uma coisa é pensar algo em um momento fugaz; outra coisa é escrever. À medida que captamos por escrito os pensamentos cuidadosos que temos sobre Deus e as Escrituras e sobre nós mesmos e o mundo, essas impressões estão sendo gravadas mais profundamente em nossa alma e nos mudando mais a curto e longo prazo.

O registro no diário é uma oportunidade de crescer no amanhã. Podemos identificar onde precisamos mudar e definir metas, apontar prioridades e monitorar o progresso. Podemos avaliar como estamos nos saindo nos outros hábitos da graça que queremos praticar.

E a disciplina regular do diário ajudará a desenvolver sua comunicação e escrita, conforme você treina transformar pensamentos em palavras e colocá-los na página. Seu diário é sua tela em branco, em que você pode experimentar metáforas ousadas e talento literário. É um lugar seguro para treinar antes de entrar em ação em público.

Para enriquecer o presente

Por último, mas o mais importante, o diário não tem a ver apenas com o ontem e o amanhã, mas com o hoje e a nossa alegria no presente. Aqui estão três maneiras, entre outras, de usar o diário para enriquecer o presente.

1. Examine

Sócrates exagerou, mas tinha certa razão quando disse que a vida não examinada não vale a pena ser vivida. Há um lugar importante, ainda que limitado, para a introspecção e o autoexame na vida cristã. Por exemplo, é uma oportunidade para o cristão aprender a lição: "que não pense de si mesmo além do que convém; antes, pense com moderação" (Rm 12.3). Há tempo para examinar a si mesmo (2Co 13.5). Nossa tendência ao registrar um diário é começar com um autoexame, embora queiramos ir além disso e ver o evangelho irromper com novos raios de esperança.

Uma parte essencial de um bom diário não é apenas o autoexame, mas sair de si mesmo e encontrar-se em algo grandioso; em particular, Alguém grandioso. Quando você estiver triste, zangado ou ansioso, deixe seu diário começar com o estado de seu coração. Seja honesto e verdadeiro, mas peça a Deus a graça de ir além de suas circunstâncias, por mais sombrias que sejam, para encontrar esperança nele. Este é o padrão frequente nos salmos: comece angustiado, termine esperançoso. O registro no diário é uma oportunidade de pregar o evangelho de maneira nova para si mesmo, começando de onde você está, em vez de simplesmente alimentar-se com as mesmas verdades a que você já se acostumou e escrever sem refletir sobre o assunto.

2. Medite

Pense no diário como a serva daquela disciplina cristã vital que vimos no capítulo 3, a meditação. Esse é provavelmente o maior papel que o diário pode desempenhar, junto com a oração, em nossa prática dos meios da graça.

Pegue uma parte inspiradora do evangelho em sua leitura bíblica, ou uma passagem enigmática em que você está preso, e deixe seu diário ser seu laboratório de aprendizado. Faça uma pergunta difícil, proponha uma resposta bíblica e aplique-a ao seu coração e à sua vida.

3. *Desembarace, extraia e sonhe*

Finalmente, ao mantermos um diário, somos capazes de desembaraçar nossos pensamentos, extrair nossas emoções e sonhar com novos empreendimentos. A disciplina da escrita facilita o pensamento cuidadoso, catalisa sentimentos profundos e inspira ações intencionais.

Profunda alegria e satisfação pode surgir quando colocamos nossos pensamentos e sentimentos complicados e confusos em palavras no papel. Nossas mentes e corações carregam muitos pensamentos e sentimentos inacabados, que só conseguimos organizar quando os escrevemos. Assim como o louvor não é apenas a expressão da alegria, mas a consumação dela, também é a escrita para a alma. Escrever não captura apenas o que já está dentro de nós, mas, no próprio ato de escrever capacitamos nossas mentes e corações para dar o próximo passo, e depois mais um, e outro. Isso tem um efeito de cristalização. A boa escrita não é apenas a expressão do que já estamos vivenciando, mas o aprofundamento disso.

É notável que Deus tenha feito um mundo tão pronto para palavras escritas, e criado os seres humanos para escrevê-las e lê-las tão naturalmente. E ele fez com que nossa mente fosse capaz de avançar e detalhar mais nossos pensamentos do que nossa memória de curto prazo consegue registrar no momento. Quando escrevemos, não apenas desembaraçamos nossos pensamentos, extraímos nossas emoções e sonhamos com novas iniciativas, mas também os desenvolvemos.

O diário, portanto, não é apenas um exercício de introspecção, mas um caminho para a alegria — e uma ferramenta poderosa a serviço do amor.

CINCO MANEIRAS DE DESENVOLVER O REGISTRO NO DIÁRIO

Talvez você esteja convencido do potencial valor espiritual do hábito de fazer um diário, mas simplesmente não sabe como começar ou continuar.

Pode ser útil ouvir que essencialmente não há maneira errada de fazer e nem regras para isso, mas que é algo que você pode realmente fazer do seu jeito. Seja tão criativo quanto for confortável. Acolha a variedade e misture o quanto preferir. Não fique preso a uma maneira de fazer, nem fique sufocado pelo paradigma de outra pessoa.

Portanto, para ajudá-lo a começar (ou continuar) a manter um diário como uma disciplina espiritual para a glória de Deus, o bem do próximo e o aprofundamento de sua própria alegria, aqui estão cinco conselhos adicionais para crescer nesse empreendimento.

1. Mantenha a simplicidade.

Um diário é uma dádiva para o longo prazo. A tentativa de começar com tudo tem valor limitado. Portanto, um conselho importante para os registros é mantê-los simples o suficiente para que você possa continuar fazendo.

Seja modesto em seus planos de frequência e duração das anotações. Se suas expectativas forem muito profundas e complexas, será menos provável que você continue com o tempo. Se o seu único modelo para as anotações requer meia hora ou 45 minutos, então você terá muito menos probabilidade de desenvolver o hábito do que se sua expectativa fosse, digamos, cinco minutos.

Se você está apenas começando ou voltando à prática, não tente ir de zero a cem de uma vez, mas dê pequenos passos com regularidade. Uma ideia para ganhar ritmo é tentar escrever algo curto durante as devocionais diárias, mesmo que seja apenas uma frase. Descobri que tentar escrever apenas uma frase por dia é uma maneira útil de quebrar longos intervalos entre as anotações.

2. Não recupere o tempo perdido

Mesmo aqueles de nós que normalmente não se consideram perfeccionistas podem sentir sua força atraindo para si a direção de nosso diário. É fácil cair na mentalidade de que nossas anotações devem conter todos os principais eventos, pensamentos e sentimentos de nossa vida para realmente ser um diário. Mas esse não é de maneira alguma o caso. O diário deve servir à sua vida e não vice-versa.

Os melhores diários de uma vida inteira são "incompletos", porque não podem conter tudo de significativo, nem perto disso; e se seus escritores pensassem que deveria ser assim, teriam desistido muito antes. Ele não precisa ser um registro completo de sua existência; não deve ser, nem pode ser.

3. Leve Deus a sério

Para fazer seu diário servir ao seu vigor espiritual, é vital saturá-lo com as Escrituras e permeá-lo com oração.

Sempre que for natural, direcione-o para Deus, não apenas com textos específicos da Bíblia, mas com orações cuidadosamente elaboradas. O diário e a oração privada podem servir como o indicador do quanto levamos Jesus e sua providência a sério, bem como nosso relacionamento com ele.

Mas não se leve muito a sério. Não espere que seus registros e reflexões sobre a vida um dia sejam procurados pelo público cristão em geral. É muito provável que ninguém mais leia seu diário, nem mesmo seus filhos depois que você morrer. Melhor ainda se não o fizerem. Os melhores diários são apenas para você e Deus, sem olhar o tempo todo por cima do ombro, considerando o que outra pessoa pensaria se estivesse lendo. Resolva essa questão em seu próprio coração agora e escreva para o bem de sua alma. Não altere o curso de uma vida inteira de anotações particulares apenas pela chance de alguém lê-lo algum dia.

Além disso, não se levar muito a sério significa manter à distância suas intuições e interpretações da providência de Deus. Tome as Escrituras com a maior seriedade, mas seja cauteloso quando achar que "ouviu a voz de Deus" ou viu sua direção em vários momentos e circunstâncias. Não se apresse em deixar uma onda dramática de inspiração para um diário direcionar uma decisão importante na vida sem testá-la cuidadosamente ao longo do tempo e em comunidade.

4. Traga o Evangelho

Os cristãos que prosperam em manter um diário não apenas buscam a oração e meditam nas Escrituras em geral, mas procuram aplicar o evangelho com especificidade aos seus medos e frustrações, seus altos e baixos, suas alegrias e tristezas. Quando abrir seu diário em angústia, tente seguir o caminho dos salmistas e fechá-lo com esperança. Dê vida a 2 Coríntios 4.8-9 ao preencher o espaço em branco com palavras. Quando você se sentir atribulado, alegre-se por não estar angustiado; quando perplexo, afaste o desânimo; quando perseguido, lembre-se de que você não foi desamparado; quando abatido, saiba que não será destruído.

Seu diário é um local para pregar o evangelho para si mesmo, em suas circunstâncias particulares, sem repetir as mesmas verdades de sempre que já nem fazem meditar. Capture em suas próprias palavras o que você realmente está sentindo e, em seguida, procure as palavras de Deus que atendem às suas necessidades. Torne a aplicação sob medida para hoje.

5. Continue

Mesmo quando você personaliza seu diário e o mantém simples, sem se preocupar em atualizá-lo, ainda há a necessidade de perseverança a longo prazo. Quando a novidade passar e sua energia para escrever parecer baixa, lembre-se de que é natural encontrar uma barreira como essa sempre que desenvolvemos um novo hábito útil. Peça a ajuda de Deus para superar o atrito, "na força que Deus supre" (1Pe 4.11), "segundo a sua eficácia que opera eficientemente em mim" (Cl 1.29).

Frequentemente, a parte mais difícil é simplesmente sentar e girar aquela manivela interna enferrujada para fazer as palavras começarem a sair. Porém, quando o portão se abre, como o rio pode fluir!

CAPÍTULO 12

Faça uma pausa no caos

É surpreendente como o silêncio pode falar alto. Principalmente quando você não está acostumado com ele. Essa é a minha experiência a cada inverno, sentado lá na cabine de caça, a única estrutura feita pelo homem à vista. Estou sozinho na floresta, está silencioso — exceto pelo sussurro do vento frio de Minnesota — e minha alma está se aliviando de meses intermináveis na selva urbana. Corpo e alma recebem ali o ar puro que é difícil de encontrar na cidade grande.

Eu quero que você se junte a mim. Não na cabine (isso estragaria tudo), mas em alguma solidão silenciosa e ocasional pessoal. Você precisa de um descanso do caos, do barulho e das multidões, mais do que você pode imaginar a princípio. Você precisa das disciplinas espirituais do silêncio e da solitude.

SILÊNCIO E SOLITUDE

Somos humanos, não máquinas. Fomos feitos para ritmos de silêncio e barulho, comunidade e solidão. Não é saudável ter pessoas sempre por perto e não é saudável raramente desejá-las. Deus nos fez para ciclos e estações, para rotinas e cadências.

Desde o início dos tempos, precisamos de nossos intervalos. Até o próprio Deus-homem foi "levado pelo Espírito ao deserto" (Mt 4.1), "foi para um lugar deserto" (Mc 1.35; Lc 4.42), e "subiu ao monte, a fim de orar sozinho" (Mt 14.23).

Afastar-se de vez em quando sempre foi uma necessidade humana, mas é ainda mais urgente na vida moderna; principalmente na vida urbana. Ao que tudo indica, as coisas estão mais lotadas e barulhentas do que nunca.

"Um dos custos do avanço tecnológico", diz Donald S. Whitney, "é uma tentação maior de evitar a quietude". E assim, muitos de nós "precisamos perceber como somos viciados em barulho".[2] Às vezes, me pego ligando o rádio sem pensar, quando entro no carro. Ocasionalmente, desligo e direciono meus pensamentos para Deus em oração. No meio de uma semana agitada, é incrível como o silêncio pode ser estranho, e maravilhoso.

Assim, os excessos e desvantagens da vida moderna apenas aumentaram o valor do silêncio e da solitude como disciplinas espirituais. Provavelmente precisamos ficar sozinhos e quietos mais do que nunca.

POR QUE SE AFASTAR?

Mas simplesmente afastar-se não é suficiente. Há benefícios em apenas deixar seu espírito se descomprimir e sair da selva de concreto, apreciar a natureza e deixar sua alma respirar ar puro. Mas não há nada distintamente cristão nisso. Para aqueles de nós que estão em Cristo, queremos voltar melhor;

---

2 Donald S. Whitney, *Spiritual Disciplines for the Christian Life*, ed. rev. (Colorado Springs: NavPress, 2014), p. 228 [edição em português: *Disciplinas espirituais* (São Paulo: Editora Batista Regular, 2021)].

não apenas descansados, mas mais prontos para amar e se sacrificar. Queremos encontrar nova clareza, resolução e iniciativa, ou voltar preparados para redobrar nossos esforços, pela fé, em nossas vocações no lar, entre amigos, no trabalho e no corpo de Cristo.

Um benefício do silêncio é simplesmente vasculhar as profundezas de nossa própria alma, perguntando que pontos cegos surgiram na correria da vida cotidiana. No trabalho, há algo importante que estou negligenciando ou reprimindo? Como estou me saindo em minhas várias funções? Onde eu preciso me concentrar novamente?

VOZES NO SILÊNCIO

Podemos ficar sozinhos e quietos para ouvir nossa própria voz interior, os murmúrios de nossa alma que são facilmente abafados pelo barulho e pela multidão. Mas a voz mais importante a ouvir no silêncio é a de Deus. O objetivo de praticar o silêncio como disciplina espiritual não é ouvir a voz audível de Deus, mas ficarmos menos distraídos e ouvir melhor quando ele fala, com ainda mais clareza, em sua Palavra.

Retirar-se e ficar quieto e sozinho não é uma graça especial por si só. Mas o objetivo é criar um contexto para melhorar nossa audição de Deus em sua palavra e respondê-lo em oração. Silêncio e solitude, portanto, não são meios diretos de graça em si mesmos, mas podem lubrificar as engrenagens — como cafeína, sono, exercícios e música — para encontros mais diretos com Deus em sua palavra e em oração.

CUIDADO COM OS PERIGOS

Tanto o silêncio quanto a solitude têm seus perigos. Eles são como o jejum, no sentido de que renunciamos a uma boa dádiva de Deus, algo para o qual fomos criados, por algum tempo limitado, por causa de algum foco e fruto espiritual. Silêncio e solitude são tipos de jejum, escapes da normalidade que não devem dominar a vida.

O silêncio e a solitude não são estados ideais, mas ritmos de vida que nos equilibram para um retorno proveitoso às pessoas e ao barulho. Essas disciplinas são vantajosas por causa das nossas fraquezas da presente era. É de se duvidar que precisaremos de alguma solidão na nova criação, embora possa haver o silêncio da adoração (Ap 8.1). O livro do Apocalipse faz o céu parecer barulhento e cheio, da melhor maneira possível.

A solitude é uma espécie de acompanhamento para a comunhão, um jejum de outras pessoas, para fazer nosso retorno a elas ainda melhor. E o silêncio é um jejum de barulho e conversa, para melhorar nossa escuta e fala. Mas Deus não quer que jejuemos demais de comida, comunhão, barulho e conversa. E não há nada nas Escrituras que nos leve a pensar que ele deseja que façamos jejum de sua palavra e de oração. Na verdade, é o maior envolvimento com a palavra de Deus e a oração que está no cerne do bom silêncio e da solitude.

CRIE ESPAÇO PARA PAUSAS DIÁRIAS

O que geralmente se diz sobre silêncio e solitude como disciplinas espirituais parece implicar algum tipo de retiro especial da vida normal, mas pequenos "retiros" diários podem ser vitais também. Um período breve, sozinho e quieto, para ouvir a voz de Deus em sua palavra e respondê-lo em oração, pode ser mais frutífero pela manhã, quando estamos descansados e alertas, e o caos do dia ainda não cresceu como uma bola de neve sobre nós.

Alguns cristãos chamam isso de "hora silenciosa", destacando o silêncio; outros, "tempo a sós com Deus", enfatizando a solitude. Seja qual for o nome, esses curtos períodos diários de envolvimento direto com Deus nas Escrituras e na oração são possíveis, em meio ao caos da vida moderna, e inestimáveis para proteger nossas mentes e corações em um mundo barulhento e cheio.

AGENDE UM RETIRO ESPECIAL

Também pode ser proveitoso reservar retiros especiais. No meu momento de vida atual como um jovem pai, basicamente minha única possibilidade real é um longo fim de semana na cabine de caça uma vez por ano. Idealmente, esse retiro pode ser algo que você faz duas vezes ao ano, ou mesmo a cada trimestre. Pode ser em um ambiente aberto ou fechado, totalmente sozinho (a quilômetros de qualquer outro ser humano) ou nas mesmas instalações ou local que outros, praticando a "solitude juntos", cada um em seu próprio lugar. Os detalhes podem variar, mas recomendo o hábito geral para sua alma — e duvido que isso aconteça com você sem alguma proatividade e iniciativa para planejar com antecedência.

Quando você colocar tal evento no calendário e encontrar um lugar para ele, aqui estão algumas ideias de como passar por um tempo tão especial de silêncio e solitude.

- Ore pela bênção de Deus, para que ele traga à luz o que precisa de mais atenção em sua vida e para que seu Espírito leve seu subconsciente a "falar" honestamente com sua alma. Não presuma que as vozes em sua mente são de Deus; presuma que são suas. Para ouvir a Deus, leia as Escrituras e, na medida em que seus próprios pensamentos sobre você se alinhem com o que Deus revelou em sua palavra, aceite isso como um presente de Deus e guarde em seu coração.
- Leia e medite na Bíblia, seja no que está preparado para aquele dia em algum plano de leitura regular que você está fazendo em suas pausas diárias ou em algum trecho especial que você selecionou para o seu tempo de retiro. Confie que Deus o encontrará em sua palavra e conduzirá seu tempo com as Escrituras, não apenas com sugestões internas, mas com o que sua providência colocou diante de você objetivamente na Bíblia.
- Você pode passar alguns minutos apenas ouvindo o silêncio e deixar sua alma começar a "descongelar", especialmente se você tem uma agenda lotada em uma cidade lotada.
- Tenha um computador (considere desligar o Wi-Fi!) ou o bom e velho caderno e lápis. Depois de descongelar, coloque no papel as vozes que estão em sua cabeça (o silêncio e a solidão de um retiro especial fornecem um ótimo contexto para a disciplina espiritual do diário que discutimos no capítulo 11).
- Resista à tentação de correr para os detalhes das tarefas que aguardam em casa; tente refletir sobre a vida e seus chamados de maneira geral, pelo menos para começar.

Mas, conforme o tempo avança para o final, seja mais específico e leve consigo para a vida normal algumas lições que o ajudarão a sentir, até imediatamente, o valor de seu retiro.

- Durante seu tempo fora, inclua um período prolongado de oração, guiado pelas Escrituras (talvez a Oração do Senhor), e continue registrando pensamentos enquanto direciona seu coração para Deus em louvor, confissão, petição e súplica.
- Considere definir um lembrete no calendário para alguns dias ou uma semana depois de voltar para casa, para refletir sobre o seu tempo fora e ler todas as anotações que você fez ou o diário que fez no caderno.

Talvez você não saiba o quanto precisa de silêncio e solitude, até conhecê-los.

PARTE 3

Pertencer ao seu corpo — Comunhão

CAPÍTULO 13

Aprenda a voar com a comunhão

É uma pena que a palavra "comunhão" esteja atravessando uma fase em alguns círculos e esteja morrendo em domesticação e trivialidade. Ela é uma realidade vibrante no Novo Testamento, um ingrediente indispensável na fé cristã e um dos principais meios da graça de Deus em nossas vidas.

A *koinonia* — grego para comunidade, parceria, comunhão — que os primeiros cristãos compartilhavam não estava ancorada em um amor comum por pizza, refrigerante e uma noite agradável e tranquila de diversão entre os irmãos religiosos. Sua essência estava no Cristo que compartilhavam, e na missão de vida ou morte que compartilhavam a partir de sua convocação para levar a fé em todo o mundo, diante da perseguição iminente.

Tolkien chamou corretamente seus nove de "a Sociedade do Anel"[1]. Não se trata de uma confraternização amigável com aplicativos, bebidas e jogos. É um empreendimento coletivo de vida ou morte, tudo ou nada, contra um grande mal e

---

1 N. T.: No original, a mesma palavra traduzida usada por Tolkien e traduzia aqui por "comunhão" (*fellowship*) também pode ser traduzida por "irmandade" ou "sociedade".

uma oposição esmagadora. A verdadeira comunhão tem menos a ver com amigos reunidos para assistir ao jogo final do campeonato e mais a ver com jogadores em campo com sangue, suor e lágrimas, reunidos no vestiário para decidirem a tática para o segundo tempo. A verdadeira comunhão, nesta era, é mais como as tropas invasoras lado a lado na praia da Normandia do que como a alegre parada de celebração da vitória nas ruas.

PARCERIA PELO EVANGELHO

Os primeiros cristãos não se dedicaram apenas à palavra (a doutrina dos apóstolos) e à oração, mas também à "comunhão" (At 1.14; 2.42). Acima de tudo, sua comunhão estava em Jesus (1Co 1.9) e em seu Espírito (2Co 13.14). Em Cristo, eles se tornaram coerdeiros da herança divina (Rm 8.17; Ef 3.6), logo eles "tinham tudo em comum" (At 2.44; 4.32), e até mesmo judeus e gentios agora eram concidadãos (Ef 2.19). De cima a baixo, o evangelho cria uma comunidade como nenhuma outra.

Mas essa comunhão não é uma comuna isolada ou uma sociedade estática de admiração mútua. É uma "cooperação no evangelho" (Fp 1.5), entre aqueles que dão tudo "para o progresso do evangelho" (1.12), que se unem para o "progresso e gozo da fé" (1.25). É a comunhão na qual, como Paulo diz aos cristãos, "na defesa e confirmação do evangelho, […] todos sois participantes da graça comigo" (1.7).

Em uma parceria como essa, não precisamos nos preocupar muito com estarmos esquecendo os perdidos ou sequestrando o evangelho. A verdadeira comunhão fará exatamente o oposto. Ela precisa fazer. O mesmo Jesus que nos ajunta, nos comissiona. O meio de nosso relacionamento é a mensagem de salvação. Quando a comunhão é verdadeira, a profundidade do amor mútuo não é um sintoma de crescimento para dentro, mas a apologética final: "Nisto conhecerão todos que sois meus discípulos: se tiverdes amor uns aos outros" (Jo 13.35).

OS TEXTOS GÊMEOS DA COMUNHÃO

A verdadeira comunhão não apenas trabalha para ganhar os perdidos, mas serve para manter os santos salvos. O iceberg relacional, logo abaixo da superfície das Escrituras, está especialmente próximo ao nível do mar em Hebreus. Aqui surgem os textos gêmeos da comunhão cristã, posicionados como guardiões do coração da epístola, para que não tentemos acessar a graça como indivíduos isolados. Talvez o mais conhecido seja Hebreus 10.24-25:

> Consideremo-nos também uns aos outros, para nos estimularmos ao amor e às boas obras. Não deixemos de congregar-nos, como é costume de alguns; antes, façamos admoestações e tanto mais quanto vedes que o Dia se aproxima.

O notável aqui não é a convocação para continuarmos nos reunindo, mas a instrução para, quando fizermos isso, olhar além de nosso próprio umbigo para as necessidades dos outros. Conheçam uns aos outros. Aproximem-se. Fiquem próximos. Aprofundem-se. E *considerem* pessoas em particular, interagindo com elas, exortando-as e inspirando-as ao amor e às boas obras especificamente adequadas ao contexto.[2]

---
2 Para mais informações sobre dar e receber exortações e repreensões, veja o capítulo 18.

Aqui provamos quão potente e pessoal é a comunhão como meio de graça. Sendo parceiros na palavra de Deus e na oração, um irmão que me conhece como eu, e não como uma humanidade genérica, fala a verdade em amor (Ef 4.15) para a minha vida, e me dá uma palavra "que for boa para edificação, conforme a necessidade, e, assim, transmita graça aos que ouvem" (Ef 4.29). Essa é uma graça inestimável.

SEJA O MEIO PARA O SEU IRMÃO

O texto gêmeo, portanto, é Hebreus 3.12-13:

> Tende cuidado, irmãos, jamais aconteça haver em qualquer de vós perverso coração de incredulidade que vos afaste do Deus vivo; pelo contrário, exortai-vos mutuamente cada dia, durante o tempo que se chama Hoje, a fim de que nenhum de vós seja endurecido pelo engano do pecado.

Aqui, a carga não recai sobre o santo à deriva, para que ele volte sozinho para o caminho, mas sobre os outros na comunidade, para que tenham tal proximidade com ele, atenção a ele e regularidade com ele a ponto de perceber o desvio e lutar com ele, por ele, contra o pecado. Esse meio de graça, então, em tal circunstância, tem uma função única na vida cristã. Não cabe aos espiritualmente fracos ter mais força de vontade e se autodisciplinarem, mas cabe ao corpo assumir a disciplina em favor do errante, mediar a graça aos que batalham, evitar a apostasia falando palavras de verdade e graça em seus ouvidos e orando para que o Espírito gere vida.

A GLORIOSA RETAGUARDA DA GRAÇA

A comunhão pode ser a filha do meio frequentemente esquecida das disciplinas espirituais, mas ela pode salvar sua vida na noite escura de sua alma. Conforme você atravessa o vale da sombra da morte, e o Pastor o conforta com seu cajado, você descobrirá que ele moldou seu povo para atuar como sua vara de resgate. Quando o desejo de ouvir a voz de Deus (na palavra) se esgota, e quando sua energia espiritual para falar em seu ouvido (em oração) se esvai, ele envia seu corpo para trazer você de volta. Normalmente, não é o esforço do próprio desviante que o traz de volta ao rebanho, mas o de seus irmãos (Tg 5.19-20), sendo para ele um meio inestimável da graça de Deus — uma retaguarda inestimável.

Os meios de graça contínua não são apenas a palavra de Deus e a oração, mas também a verdadeira comunhão entre os que têm em comum aquele que é a Graça encarnada (Tt 2.11). A graça de Deus não pode ser restrita a indivíduos. O cristão saudável, introvertido ou não, de qualquer temperamento, em qualquer época, não busca minimizar o relacionamento com seus irmãos em Cristo, mas maximizá-los.

Deus nos deu uns aos outros na igreja, não apenas para companhia e cobeligerância, não apenas para afastar a solidão e a letargia, mas para sermos uns para os outros um meio indispensável de seu favor divino. Somos uns para os outros um elemento essencial da boa obra que Deus começou em nós e promete completar (Fp 1.6).

Assim é a verdadeira comunhão.

OFICIALIZANDO A COMUNHÃO

Uma coisa a tornar explícito aqui no final deste primeiro capítulo sobre comunhão, e no início da terceira parte sobre os meios de graça na igreja, é que a forma mais profunda e durável de comunhão é a aliança; em outras palavras, é entre partes que assumiram compromissos formais entre si. Isso não é verdade apenas na parceria do casamento, mas também na igreja local. Quando fazemos votos e promessas uns aos outros de aliança em uma igreja local como "membros" ou "parceiros" (ou qualquer termo que a igreja use), não inibimos a verdadeira vida da igreja, mas damos as condições mais verdadeiras para seu crescimento e florescimento.

Quando nossa comunhão não é simplesmente uma rede de relacionamentos soltos entre cristãos, mas ancorada em uma "comunidade de aliança" particular como membros comprometidos em um posto local do reino de Cristo, chegamos mais perto de experimentar o que os primeiros cristãos fizeram, quando as pessoas não entravam e saíam da comunidade de qualquer maneira, mas ou estavam dentro ou fora; e, aqueles que estavam dentro, estavam comprometidos em ser igreja uns para os outros, nos bons e maus momentos. A comunidade de aliança é como o casamento cristão, no sentido de que é dentro da estrutura de compromissos declarados e lealdades prometidas que a vida no relacionamento é protegida, nutrida e encorajada a prosperar.[3]

---

[3] Para saber mais sobre a natureza e a importância da membresia da igreja, consulte meu breve artigo: David Mathis, "Seis motivos para fazer parte de uma igreja", *Voltemos ao Evangelho*, 29 de abr. de 2022, www.voltemosaoevangelho.com/blog/2022/04/seis-motivos-para-fazer-parte-de-uma-igreja/ (acesso em: 2 de maior de 2022).

SEIS LIÇÕES PARA SER UM BOM OUVINTE

Vamos encerrar este capítulo considerando a importância de ouvir, e como esse ato subestimado, essencial para a comunhão, serve como um meio de graça tanto para nós mesmos quanto para os outros na vida da igreja. Ouvir é uma das coisas mais fáceis de se fazer, e uma das mais difíceis. Em certo sentido, ouvir é fácil; ou melhor, *escutar* é fácil. Não exige a iniciativa e a energia necessárias para falar. É por isso que "a fé vem pelo ouvir, e o ouvir, pela palavra de Cristo" (Rm 10.17, NAA). Isso significa que ouvir é fácil, e a fé não é uma expressão de nossa atividade, mas a recepção da atividade de outra pessoa. É a "fé naquilo que ouviram" (Gl 3.2, 5, NVI) que destaca as realizações de Cristo e, portanto, é o canal da graça que inicia e sustenta a vida cristã.

Mas, apesar dessa facilidade — ou talvez precisamente por causa dela — muitas vezes lutamos contra ela. Em nosso pecado, preferimos confiar em nós mesmos do que nos outros, acumular nossa própria justiça do que receber a de outro, falar o que pensamos em vez de ouvir outra pessoa. A escuta verdadeira, sustentada e ativa é um grande ato de fé e um grande meio de graça, tanto para nós quanto para os outros na comunhão.

O texto de referência para a escuta cristã pode ser Tiago 1.19: "Todo homem, pois, seja pronto para ouvir, tardio para falar, tardio para se irar". É bastante simples em princípio e quase impossível de viver. Frequentemente, somos tardios para ouvir, prontos para falar e para nos irarmos. Portanto, aprender a ouvir bem não é algo que acontece da noite para o dia. Requer disciplina, esforço e intencionalidade.

Você melhora com o tempo, dizem. Tornar-se um ouvinte melhor depende não de uma grande resolução de melhorar em uma única conversa, mas do desenvolvimento de um padrão de pequenas resoluções — cultivar o hábito — de se concentrar em determinadas pessoas em momentos específicos.

Com a convicção renovada de que esta é uma área que precisa crescer em minha vida — e possivelmente na sua também — aqui estão seis lições sobre como ouvir bem. (Tiramos nossas dicas dos que podem ser, fora da Bíblia, os três parágrafos mais importantes sobre ouvir: a seção sobre "o ministério da escuta" em *Life Together* de Dietrich Bonhoeffer, bem como do clássico artigo de Janet Dunn no *Discipleship Journal*, "How to become a good listener [Como tornar-se um bom ouvinte]")[4]

1. Ouvir bem requer paciência

Aqui Bonhoeffer nos dá algo a ser evitado: "uma espécie de escuta pela metade, que presume já saber o que a outra pessoa tem a dizer". Isso, diz ele, "é uma escuta impaciente e desatenta, que está apenas esperando por uma chance de falar". Podemos pensar que sabemos para onde a pessoa está indo e, assim, já começamos a formular nossa resposta. Ou então estávamos no meio de algo quando alguém começou a falar conosco, ou temos outro compromisso se aproximando, e queremos que a conversa acabe logo.

---

[4] Bonhoeffer, *Life Together: The Classic Exploration of Faith in Community*. Nova York: HarperOne, 2009, p. 97–99 [Em português: *Vida em comunhão*. São Leopoldo: Sinodal, 2009]. O artigo de Dunn está disponível em: Janet Dunn, "Como se tornar um bom ouvinte", *Voltemos ao Evangelho*, 2 de maio de 2022, www.voltemosaoevangelho.com/blog/2022/05/como-se-tornar-um-bom-ouvinte/ (acesso em: 2 de maio de 2022).

Ou talvez ouçamos pela metade porque nossa atenção está dividida com nosso ambiente externo, ou nosso foco interno está voltado para nós mesmos. Como Dunn lamenta, "Infelizmente, muitos de nós estamos muito preocupados conosco mesmos quando ouvimos. Em vez de nos concentrarmos no que está sendo dito, estamos ocupados decidindo o que dizer em resposta ou rejeitando mentalmente o ponto de vista do outro".

Positivamente, então, ouvir bem requer concentração e significa que estamos ouvindo totalmente e que ouvimos a outra pessoa até que ela termine de falar. Raramente ela começará com o que é mais importante e mais profundo. Precisamos ouvir toda a linha de pensamento, de uma ponta à outra, antes de começar a desembaraçar os fios.

A boa escuta silencia o smartphone e não para a história, mas é atenciosa e paciente. É externamente relaxada e internamente ativa. É preciso energia para bloquear as distrações que continuam nos bombardeando, as coisas periféricas que continuam fluindo em nossa consciência e as muitas boas desculpas que podemos ter para interromper. Quando queremos logo falar, é preciso ter paciência dada pelo Espírito não apenas para ouvir, mas para continuar ouvindo.

2. Ouvir bem é um ato de amor

Ouvir pela metade, diz Bonhoeffer, "despreza o irmão e só espera uma chance de falar e, assim, se livrar da outra pessoa". Uma escuta pobre rejeita; a boa escuta abraça. A escuta pobre diminui os outros, ao passo que a boa escuta os convida a existir e a ter importância. Bonhoeffer escreve: "Assim como o amor a Deus começa com ouvir sua Palavra, o início do amor pelos irmãos é aprender a ouvi-los".

Ouvir bem anda de mãos dadas com a mentalidade de Cristo (Fp 2.5). Flui de um coração humilde que considera os outros mais importantes do que nós (Fp 2.3). É olhar não apenas para seus próprios interesses, mas também para os interesses do próximo (Fp 2.4). É ser paciente e gentil (1Co 13.4).

3. Ouvir bem é fazer perguntas perspicazes

Esse conselho é bastante repetido em Provérbios. É o insensato que "não tem prazer no entendimento, senão em externar o seu interior" (18.2), e assim responde "antes de ouvir" (18.13). "Como águas profundas, são os propósitos do coração do homem", diz Provérbios 20.5, "mas o homem de inteligência sabe descobri-los".

Ouvir bem inclui fazer perguntas perspicazes e abertas, que não são respondidas apenas com sim ou não, mas gentilmente atravessam camadas e sondam abaixo da superfície. É observar cuidadosamente a comunicação não verbal, mas sem interrogar ou se intrometer em detalhes que a pessoa não deseja compartilhar. Isso atrai mansamente e ajuda a apontar à pessoa novas perspectivas por meio de perguntas que orientam de maneira cuidadosa, mas genuína.

4. Ouvir bem é um ministério

De acordo com Bonhoeffer, muitas vezes "ouvir pode ser um serviço melhor que falar". Deus quer mais do cristão do que apenas ouvir bem, mas não menos que isso. Haverá dias em que o ministério mais importante que faremos será nos colocarmos diante de alguma pessoa ferida, descruzar os braços, inclinar-nos para a frente, fazer contato visual e ouvir toda sua dor. Dunn diz:

> Ouvir bem muitas vezes desarma as emoções que são parte do problema que está sendo discutido. Às vezes, liberar essas emoções é tudo o que é necessário para resolver o problema. A pessoa pode não querer, nem esperar, que falemos algo em resposta.

Um dos conselhos de Dunn para cultivar uma boa escuta é: "Dê mais ênfase à afirmação do que às respostas [...] Muitas vezes, Deus simplesmente quer me usar como um canal de afirmação de seu amor, ao ouvir com compaixão e compreensão". Bonhoeffer afirma: "Muitas vezes uma pessoa pode ser ajudada simplesmente por ter alguém para ouvi-la seriamente". Às vezes, o que nosso próximo mais precisa é que outra pessoa fique sabendo o que se passa, porque isso demonstra que nos importamos o suficiente para ouvi-lo.

5. Ouvir bem nos prepara para falar bem

Às vezes, a boa escuta apenas ouve, e ministra melhor se calando (no momento), mas normalmente ouvir bem nos prepara para ministrar palavras de graça, precisamente onde o outro tem necessidade. Como Bonhoeffer escreve: "Devemos ouvir com os ouvidos de Deus para podermos falar a Palavra de Deus".

Enquanto o tolo responde antes de ouvir (Pv 18.13), o sábio tenta não ficar na defensiva e ouvir com uma postura não julgadora, treinando-se para não formular opiniões ou respostas até que o relato completo esteja sobre a mesa e toda a história tenha sido ouvida.

6. Ouvir bem reflete nosso relacionamento com Deus

Nossa incapacidade de ouvir bem os outros pode ser um sintoma de um espírito agitado que está abafando a voz de Deus. Bonhoeffer adverte:

> Aquele que não consegue mais ouvir seu irmão, logo também não conseguirá mais ouvir a Deus; ele não fará nada além de também tagarelar na presença de Deus. Esse é o início da morte da vida espiritual [...] Quem pensa que seu tempo é valioso demais para ser gasto calado acabará não tendo tempo para Deus e para seu irmão, mas apenas para si mesmo e para suas próprias tolices.

Ouvir bem é um grande meio de graça na dinâmica da verdadeira comunhão cristã. Não é apenas um canal pelo qual Deus continua a derramar sua graça em nossas vidas, mas também sua maneira de nos usar como meio de graça na vida de outras pessoas. Cultivar o hábito de ouvir bem pode ser uma das coisas mais difíceis que aprendemos a fazer, mas descobriremos que vale a pena cada porção de esforço fortalecido pela graça.

CAPÍTULO 14
Acenda a chama da adoração comunitária

Fomos feitos para mais do que devocionais privadas. Por melhor que seja nos retirarmos em algum canto, completamente sozinhos, e ler as Escrituras que queremos ler, fazer as orações que preferimos, tocar as músicas que gostamos, memorizar os versos que escolhemos e jejuar quando é conveniente; por mais importante que seja seguir um ritmo regular de "adoração particular" nessas disciplinas pessoais, esse não é o auge de nossa vida cristã.

Fomos feitos para adorar Jesus *juntos*. Na multidão. Com a grande horda. Absorvidos na magnífica massa dos redimidos. Deus certamente não nos criou para nos deleitarmos nele como indivíduos solitários, mas como membros felizes de uma família incontavelmente grande.

Quando a névoa da vida cotidiana se dissipa e temos um vislumbre da bem-aventurança do céu, não nos vemos isolados em uma mesa de estudo ou escondidos sozinhos em um quarto de oração no paraíso, ou mesmo a sós diante do imenso Grand Canyon ou do pico montanhoso da majestade de Deus, mas alegremente tomando parte na adoração com a multidão do povo de Cristo, vindo de todas as línguas, tribos e nações.

Fomos feitos para a adoração *comunitária*.

ALEGREMENTE PARTE DA MULTIDÃO

O céu será mais espetacular do que podemos sonhar — e a nova terra, ainda melhor do que o céu — mas pode ser surpreendente ouvir que talvez o melhor antegozo que podemos obter deste lado é com a igreja reunida, adorando a Jesus juntos. Isso não significa que a eternidade será um culto interminável na igreja, mas que estaremos maravilhosamente imersos em uma multidão de companheiros de adoração que multiplicará nossa alegria.

E na adoração do céu, nos uniremos não apenas a muitos anjos, "cujo número era de milhões de milhões e milhares de milhares" (Ap 5.11), adorando a Jesus com "incontáveis hostes de anjos" (Hb 12.22), mas também à inumerável comunhão dos redimidos:

> Vi, e eis grande multidão que ninguém podia enumerar, de todas as nações, tribos, povos e línguas, em pé diante do trono e diante do Cordeiro, vestidos de vestiduras brancas, com palmas nas mãos; e clamavam em grande voz, dizendo: Ao nosso Deus, que se assenta no trono, e ao Cordeiro, pertence a salvação. (Ap 7.9-10)

Embora a adoração comunitária a Jesus pela igreja *universal* de Cristo seja um elemento essencial em nosso grande destino, é a adoração comunitária de Jesus pela igreja *local* que é um meio vital da graça de Deus para nos levar até lá.

O MEIO DE GRAÇA MAIS IMPORTANTE

A adoração comunitária é o meio de graça mais importante e nossa maior arma na luta pela alegria, porque, como nenhum outro meio, a adoração comunitária combina todos os três princípios da graça contínua de Deus: sua palavra, oração e comunhão. É a adoração comunitária, com sua pregação, sacramentos e louvores, confissões, petições e ações de graças coletivos, a que mais acentuadamente reúne os dons da voz de Deus, de seu ouvido e de seu corpo.

Por isso, de acordo com Donald S. Whitney, "há um elemento de adoração e do cristianismo que não pode ser experimentado na adoração privada ou assistindo à adoração. Existem algumas graças e bênçãos que Deus dá apenas na 'congregação' com outros crentes".[1]

Talvez sua própria experiência de adoração comunitária como um meio de graça tenha, às vezes, ecoado a de Martinho Lutero: "Em casa, em meu próprio lar, não há calor ou vigor em mim, mas na igreja quando a multidão está reunida, uma chama é acesa em meu coração e ocupa seu espaço".[2]

ADORAÇÃO NÃO É UM MEIO

Mas falar sobre a adoração como um meio de graça é complicado, porque, como John Piper nos adverte, a adoração verdadeira não é um meio para nada.

> A adoração é um fim em si mesmo. Não provamos o banquete da adoração como um meio para alguma outra coisa.
>
> A felicidade em Deus [que é o coração da adoração] é o

---

1 Donald S. Whitney, Spiritual Disciplines for the Christian Life, ed. rev. (Colorado Springs: NavPress, 2014), p. 111 [edição em português: *Disciplinas espirituais* (São Paulo: Editora Batista Regular, 2021)].
2 Citado em D. A. Carson (ed.), *Worship by the Book* (Grand Rapids, MI: Zondervan, 2002), p. 159–160.

fim de todas as nossas buscas. Nada além disso pode ser buscado como um objetivo mais elevado. [...] A verdadeira adoração não pode ser realizada como um meio para alguma outra experiência.[3]

O que, então, queremos dizer quando afirmamos que a adoração comunitária é um *meio essencial da graça de Deus*? Pode realmente ser assim?

O SEGREDO DA ALEGRIA: ESQUECER A SI MESMO

Uma distinção importante a ser feita é entre a essência da adoração como alegria em Deus e o contexto da adoração comunitária em assembleia reunida. Embora louvar a Jesus em conjunto seja sua maior expressão específica, a adoração em geral é maior do que apenas a igreja reunida; não é apenas nas manhãs de domingo, mas para a vida cotidiana (Rm 12.1). E relacionado a isso está a distinção entre como pensamos sobre a adoração comunitária (e as várias motivações e benefícios dela) e como a experimentamos no momento.

Há mais a ser dito (e será dito a seguir) sobre as "graças e bênçãos que Deus dá apenas na 'congregação' com outros crentes", que podem inspirar nosso engajamento fiel e nos ajudar a apreciar o papel insubstituível que a adoração comunitária desempenha em nossa saúde e crescimento como cristão. Mas, primeiro, a questão é: para onde devemos voltar nossos corações e mentes coletivamente *no momento* da adoração comunitária para experimentar essa graça de Deus?

---

[3] John Piper, *Desiring God: Meditations of a Christian hedonist*, ed. rev. (Colorado Springs: Multnomah, 2011), p. 90 [edição em português: *Em busca de Deus* (São Paulo: Shedd, 2008)].

A resposta é que não devemos ocupar nossas mentes nos preocupando com a forma como estamos sendo fortalecidos ou qual graça estamos recebendo. Antes, nosso foco juntos é o Cristo crucificado e ressuscitado e as excelências incomparáveis de sua pessoa e obra (que iluminam todos os meios de graça e várias disciplinas espirituais, não apenas o culto comunitário — e é por isso que o subtítulo deste livro começa com "Prazer em Jesus"). A adoração comunitária é um meio de graça, não quando estamos presos ao que estamos fazendo, mas quando experimentamos o segredo da adoração — a alegria de esquecer a si mesmo — ao conjuntamente nos ocuparmos com Jesus e suas múltiplas perfeições.

Veja, então, a importante aplicação ao culto comunitário neste resumo de Piper:

> Toda emoção genuína é um fim em si mesma. Ela não é causada conscientemente como meio de chegar a outra coisa. Isso não quer dizer que não possamos nem devamos procurar ter certos sentimentos. Devemos e podemos. Podemos nos colocar em situações [como a adoração comunitária] em que os sentimentos podem ser cultivados mais prontamente. [...] Mas *no momento da emoção autêntica, todo cálculo desaparece*. Somos transportados (talvez apenas por alguns segundos) para acima do nível de raciocínio da mente, para experimentar o sentimento sem referência a implicações lógicas ou práticas.[4]

---

4 *Em busca de Deus* (São Paulo: Shedd, 2008), p. 73. Ênfase adicionada.

Dessa forma, a adoração comunitária, que em certo sentido não é um meio para mais nada, é um meio poderoso — talvez o mais poderoso — da graça de Deus para a vida cristã.

Então venha para a adoração comunitária pelas muitas bênçãos, e então deixe os demais pensamentos desaparecerem, enquanto você se entrega totalmente àquele que é Bendito. Chegue lá em um dia tranquilo, lembrando-se de como será bom se você for, e quando a reunião começar, busque intensamente a bondade de Deus e procure esquecer-se de si mesmo ao se concentrar em seu Filho.

CINCO BENEFÍCIOS DA ADORAÇÃO COMUNITÁRIA

Não quero deixar você sem saber quais podem ser algumas dessas "graças e bênçãos" da adoração comunitária. Certamente muitas outras poderiam ser citadas, mas aqui estão cinco dessas bênçãos que experimentamos especialmente no contexto da adoração comunitária.

1. Despertamento

Frequentemente, chegamos para a adoração comunitária com uma sensação de neblina espiritual. Durante as dificuldades da semana, a dureza da vida real no mundo decaído pode nos desorientar para a realidade final e para o que é realmente importante. Precisamos limpar nossas mentes, recalibrar nossos espíritos e reacender nossos corações lentos. Mencionamos acima como Martinho Lutero achou a adoração comunitária poderosa para despertar seu fogo espiritual:

"Em casa, em meu próprio lar, não há calor ou vigor em mim, mas na igreja quando a multidão está reunida, uma chama é acesa em meu coração e ocupa seu espaço".

Melhor do que Lutero, porém, é a experiência do salmista inspirado. No Salmo 73, ele começa se desesperando com a prosperidade de seus pares ímpios (v. 2–15). Mas a névoa se dissipa ao entrar conscientemente na presença de Deus: "Em só refletir para compreender isso, achei mui pesada tarefa para mim; até que entrei no santuário de Deus e atinei com o fim deles" (Sl 73.16-17).

Ele estava em guerra. A neblina espiritual era densa. Mas a vitória veio no contexto da adoração, o que levou a esta expressão culminante de louvor: "Quem mais tenho eu no céu? Não há outro em quem eu me compraza na terra. Ainda que a minha carne e o meu coração desfaleçam, Deus é a fortaleza do meu coração e a minha herança para sempre" (Sl 73.25-26).

Percebi essa verdade em minha vida mais vezes do que posso contar. Em vez de ficar longe da adoração comunitária quando nos sentimos espiritualmente apáticos, o que precisamos mais do que nunca é exatamente o despertar da adoração. Quando nossos corações menos sentem, é quando mais precisamos lembrar nossas almas: "Quanto a mim, bom é estar junto a Deus" (Sl 73.28).

2. Segurança

Um segundo benefício é a dinâmica da comunidade, que significa não apenas satisfazer nossos bons desejos de pertencimento e compartilhar a missão (comunhão), mas também fornecer um catalisador para nossa segurança.

Embora possamos admirar figuras como Atanásio e Lutero, que aparentemente se colocaram sozinhos *contra mundum* ("contra o mundo"), devemos lembrar que Deus disse que não é bom ficarmos sozinhos (Gn 2.18). Esses heróis foram produto de dias terríveis e, inevitavelmente, suas histórias foram diluídas na memória coletiva da história distante. Nem Atanásio nem Lutero ficaram realmente sozinhos, mas faziam parte de comunidades fiéis que promoveram e fortaleceram suas crenças, que do contrário seriam impopulares.

Assim também é conosco. Não fomos feitos para ficar sozinhos, sem companheiros. Mesmo em tempos tão difíceis como os de Elias, Deus deu a ele sete mil que não haviam abandonado a verdade (1Rs 19.18). Deus nos criou para a comunidade — e a chamou de "igreja"; fazer parte dessa grande comunidade local e global é de grande importância para garantir, não apenas que não estamos nos enganando sobre a credibilidade de nossa profissão de fé, mas também que sabemos verdadeiramente em quem cremos (2Tm 1.12).

E a adoração na igreja local nos aponta para a adoração da igreja universal, e indica que Jesus tem um povo feito de muitas nações, e que um dia incluirá todas as nações (Ap 7.9).

3. Crescimento

A adoração comunitária também desempenha um papel indispensável em nossa santificação — nosso crescimento progressivo em sermos conformados à imagem de Jesus (Rm 8.29). A adoração comunitária é para nossa edificação, exortação e consolação em geral (1Co 14.3); mas também, ao contemplamos Jesus unidos, todos nós "somos transformados, de glória em glória, na sua própria imagem" (2Co 3.18).

O crescimento cristão não é apenas algo que extraímos como aplicação do sermão e então trabalhamos em nossas vidas naquela semana. Como diz Tim Keller, a santificação pode acontecer "na mesma hora" quando nos sentamos para ouvir a pregação do evangelho e nos engajamos na adoração comunitária. Há momentos — que Deus nos dê muitos deles — em que o Espírito Santo usa a Escritura lida, a oração feita, o coro cantado ou a verdade pregada para chegar diretamente ao ponto de nossa necessidade. A adoração comunitária não apenas orienta nossa caminhada cristã, mas nos cura ou nos transforma naquele momento.

Quando participamos da adoração comunitária, Deus ama não apenas mudar nossas mentes, mas mudar irresistivelmente nossos corações ali mesmo.

4. Aceitar a liderança de outra pessoa

Uma distinção importante entre a adoração pública e a "adoração privada" de nutrição bíblica pessoal e da oração é o papel de nossa iniciativa. A adoração comunitária nos lembra que nossa fé é fundamentalmente receptiva, e não de iniciativa própria. Nas devocionais particulares, conduzimos a nós mesmos, em algum sentido. Na adoração comunitária, somos levados a aceitar a liderança de outros.

Na adoração individual, estamos ao volante, em certo sentido. Decidimos que passagem ler, quando orar, o que orar, quanto tempo demorar na leitura bíblica e meditação, que canções ouvir ou cantar, que verdades do evangelho pregar para nós mesmos e que aplicações considerar. Mas na adoração comunitária, nós respondemos. Nós seguimos. Outros pregam e oram e selecionam as canções e escolhem quanto tempo permanecer em cada elemento. Estamos posicionados para receber.

Fazer tais escolhas em nossos devocionais pessoais é algo maravilhoso, mas também é bom praticarmos o envolvimento com Deus quando alguém diferente está tomando as decisões. A adoração comunitária exige que nos disciplinemos para responder, e não apenas buscar a Deus em nossos próprios termos. É uma oportunidade de valorizar sermos liderados, em vez de sempre assumir a liderança.

5. Alegria acentuada

Por último, mas não menos importante, está a experiência intensificada de adoração no contexto comunitário. Nossa própria reverência é acentuada, nossa adoração aumentada, nossa alegria duplicada quando *juntos* adoramos a Jesus.

Como diz o provérbio sueco, *alegria compartilhada é alegria dobrada*. Na adoração comunitária, as "graças e bênçãos" que desfrutamos exclusivamente não são apenas o despertamento, a segurança, o crescimento e a aceitação da liderança dos outros, mas também a alegria acentuada de adoração e temor mais profundos, mais ricos e maiores, pois nosso deleite em Jesus se expande à medida que nós o engrandecemos junto com outros.

O segredo da alegria na adoração comunitária não é apenas o esquecer de si mesmo — ou, para colocar de forma positiva, a preocupação com Jesus e sua glória — mas também a feliz consciência de que não estamos sozinhos ao satisfazer nossas almas nele.

CAPÍTULO 15
Ouça a graça no púlpito

Poucas práticas irão estimular e afetar sua vida cristã tanto quanto sentar-se atentamente para ouvir uma pregação fiel.

Embora a adoração comunitária como um todo possa ser o meio mais importante da graça de Deus, como dissemos no capítulo 14, ouvir a renovada pregação do evangelho a partir das Escrituras é a graça culminante dessa reunião. É aquele momento na igreja reunida em que Deus fala em monólogo de maneira mais clara e completa. Os outros elementos da reunião seguem o ritmo de receber dele e respondê-lo, mas na pregação passamos à postura de simplesmente receber, seja por uma hora ou trinta minutos corridos.

A prioridade semanal da pregação na adoração aponta para a importância de não apenas interagir com Deus como amigos e partilhar de sua mesa como família, mas também nos submeter à sua palavra na mensagem de seu arauto, o pregador. Há tempo de sobra em outros lugares para fazer e responder perguntas, e múltiplas ocasiões para conversar e dialogar. Mas a pregação é aquele tempo por semana em que a assembleia dos redimidos coletivamente fecha a boca, abre seus ouvidos e coração, e ouve a voz ininterrupta de seu Noivo, através de seu porta-voz designado, ainda que seja um mensageiro falível.

A DISCIPLINA DE OUVIR

Mesmo que tenhamos outras 112 horas ou mais acordados por semana para falar, discutir, dialogar e debater, ainda assim é fácil ficarmos inquietos por esses trinta minutos. Amamos a ideia de igualdade e estamos acostumados a ouvir em nossos próprios termos. Valorizamos as conversas; adoramos o diálogo. E o diálogo é essencial para o discipulado. A Grande Comissão avança por meio de grandes conversas. Há momentos para interagir com nosso Noivo, e momentos para falarmos longamente em oração e em canções. Mas também há momentos em que nos sentamos e ouvimos em silêncio e com atenção.

Quando nos colocamos debaixo da pregação da palavra de Deus, é um dos poucos momentos preciosos na vida hoje em que fechamos nossa boca, resistimos à tentação de responder imediatamente e concentramos nossa energia e atenção em ouvir com fé.

A IMAGEM DO AMOR DE DEUS EXPOSTA NO PÚLPITO

O próprio ato de pregar é uma imagem do evangelho. Enquanto o pregador está por trás do Livro, fazendo o melhor que pode para revelar Jesus novamente ao seu povo, nosso Senhor é posto em evidência, não para um toma-lá-dá-cá ou para a junção de nossos esforços em algum empreendimento mútuo. Em vez disso, nos assentamos no banco da fraqueza e do desespero. O que precisamos não é de algum incentivo de uma pessoa de confiança que nos faça transpor a barreira, mas do resgate do Salvador para os totalmente desamparados.

É por isso que, quando o próprio Filho de Deus se fez carne e sangue humanos e habitou entre nós, sendo totalmente um de nós, ele veio pregando. A grandeza de Deus e a gravidade de nosso pecado se unem para dar à pregação seu lugar essencial. O diálogo sem fim, sem uma pausa para a pregação, trai tanto a gravidade de nossa situação quanto a profundidade da misericórdia de Deus.

Assim, Jesus foi enviado não apenas para morrer como remédio, mas para pregar (Lc 4.43). O próprio Jesus é a pessoa a que as Escrituras mais costumam mostrar *pregando*. E ele enviou seus discípulos para pregar (Mc 3.14). Jesus foi o pregador definitivo, mas depois de sua ascensão, a pregação não desaparece. Quando nos voltamos para Atos, ela está viva e tão bem como nunca. A pregação do Noivo se estende à vida da igreja.

UMA PREOCUPAÇÃO COM JESUS

Jesus não apenas mostrou a importância da pregação em sua vida, mas ele é o ponto focal de toda pregação fiel na igreja. Assim como nosso foco juntos em toda a adoração comunitária é o Cristo crucificado e ressurreto e as incomparáveis excelências de sua pessoa e obra, também é ele o foco de nossa pregação.

O melhor da pregação serve ao adorador na alegria de esquecer de si mesmo e esquecer do pregador. A pregação que fala sem parar sobre o próprio pregador, ou que está sempre tentando descobrir como o ouvinte deve aplicar isso ou aquilo à vida diária, causa um dano ao entendimento do próprio poder da pregação, ou seja, leva simplesmente a uma preocupação com Jesus. A verdadeira pregação cristã envolve o ouvinte continuamente, não consigo mesmo ou com o pregador, mas com Jesus e suas múltiplas perfeições.

Há um lugar para a autoexposição do pregador e para fazer conexões claras com a aplicação prática, mas não às custas de Jesus e de seu evangelho como o vigor e o clímax do sermão. As águas da boa pregação sempre descem em direção à corrente que flui de Cristo, a quem ele é e como ele nos amou.

PRESENTE COM SUA IGREJA

Mas a pregação não é apenas sobre Jesus; é a maneira dele estar pessoalmente presente com sua igreja. A boa pregação leva a igreja a um encontro com seu Noivo pelo Espírito Santo. Como Jason Meyer escreve: "O ministério da palavra nas Escrituras é administrar e anunciar a palavra de Deus de tal forma que as pessoas *encontram Deus* por meio de sua palavra".[1] Na pregação cristã fiel, não apenas ouvimos sobre Jesus, mas o encontramos.

A pregação não apenas comunica verdades *sobre* Deus, mas tem a função de "transmitir a própria presença *de* Deus". Ela deve ser valorizada não apenas por suas percepções exegéticas, mas "por seu papel como um meio pelo qual Deus verdadeiramente fala e no qual Cristo está realmente presente".[2] Embora a pregação não tenha sido tecnicamente

---

1 Jason Meyer, *Preaching: A Biblical Theology* (Wheaton, IL: Crossway, 2013), p. 21 [edição em português: *Teologia bíblica da pregação: a mensagem que glorifica a Deus, honra as Escrituras e edifica a igreja* (São Paulo, Vida Nova: 2019).

2 Marcus Peter Johnson, *One with Christ: An Evangelical Theology of Salvation* (Wheaton, IL: Crossway, 2013), p. 220.

chamada de "ordenança" ou "sacramento" (como o batismo e a Ceia do Senhor; leia mais sobre isso nos próximos dois capítulos), seu poder é *sacramental*. É um meio designado por Deus para comunicar sua graça à igreja por meio do canal de nossa fé, sendo seu principal benefício um encontro com o próprio Jesus.

EXPERIMENTE A ALEGRIA

O objetivo da pregação, como João Calvino observa, é "trazer-nos e apresentar-nos Cristo, e, nele, os tesouros da graça celestial".[3] Na pregação da palavra de Deus, diz Marcus Peter Johnson, "o próprio Deus fala e está presente para nós, por meio de seu Filho, no poder do Espírito, para nos abençoar e nutrir".[4]

O grande objetivo da pregação, assim como dos sacramentos e de nossos vários outros hábitos de graça, como vimos, é que *conheçamos e nos deleitemos em Jesus*. O maior incentivo para ouvirmos atentamente, quando nos reunimos para a adoração corporativa e nos sentamos diante da pregação da palavra de Deus, é *poder conhecê-lo* (Fp 3.10).

É o momento em que experimentamos a vida eterna durante trinta minutos por semana, no objetivo mais elevado da pregação cristã: conhecer o único Deus verdadeiro, e a Jesus Cristo, a quem ele enviou (Jo 17.3).

---

3 João Calvino, *A instituição da religião Cristã* (São Paulo: Unesp, 2009), IV.14.17, p. 706.
4 Marcus Peter Johnson, *One with Christ: An Evangelical Theology of Salvation* (Wheaton, IL: Crossway, 2013), p. 221.

CINCO GRAÇAS DA PREGAÇÃO FIEL

Para aguçar seu apetite com especificidade para o próximo domingo, aqui estão cinco graças específicas, entre muitas outras, algumas já claras neste capítulo e outras novas, por sentar-se com fé para ouvir a pregação fiel da palavra de Deus.

1. Nos esquecermos de nós mesmos

Uma das grandes bênçãos da boa pregação é que ela nos ajuda no ato vivificante de nos esquecermos de nós mesmos. A pregação fiel expõe nosso pecado e nos desafia a mudar, mas o faz nas estrofes; o refrão nos afasta de nós mesmos e nos leva para o Salvador. Para nossas almas, é glorioso serem libertadas de nossa preocupação regular com o eu, mesmo que por apenas alguns momentos no clímax do sermão, quando somos cativados por Cristo.

2. Abastecer nossa fé

A pregação fiel reabastece nossa fé. A renovação pessoal e o fortalecimento constante não vêm de darmos a nós mesmos um discurso estimulante, mas de recebermos regularmente a pregação do evangelho. Simplesmente não temos os recursos em nós mesmos. Precisamos de uma palavra externa. "A fé vem pelo ouvir, e o ouvir, pela palavra de Cristo" (Rm 10.17, NAA).

Nossas almas são fortalecidas pelo evangelho pregado, como Paulo ora em sua doxologia no final de Romanos: "Ora, àquele que é poderoso para vos confirmar segundo o meu evangelho e a pregação de Jesus Cristo..." (Rm 16.25). A mensagem da cruz é loucura para os que se perdem, mas é a sabedoria de Deus para aqueles que creem — e poder para a vida cristã

(1Co 1.18-24). E de acordo com 1 Coríntios 15.1-2, o evangelho pregado não é apenas o que recebemos no passado para nos tornarmos cristãos, mas é a graça na qual nos firmamos atualmente, e aquela pela qual seremos finalmente salvos, se continuamos a receber e nos apegar a este evangelho. A pregação contínua do evangelho é vital para a vida contínua de fé.

3. Crescer em graça

Quando nos sentamos atentamente para ouvir a pregação fiel do evangelho, não apenas esquecemos de nós mesmos e reabastecemos nossa fé, mas somos genuinamente transformados. O evangelho que pregamos é aroma de vida para vida, ou de morte para morte (2Co 2.15-16). Crescemos ou murchamos. Nossos corações aquecem ou esfriam. Nós amolecemos ou nos endurecemos. Não há neutralidade quando a pregação soa.

Como observamos no capítulo anterior, Tim Keller chama isso de "santificação na hora". A principal maneira pela qual a pregação nos muda não é dando-nos pontos de aplicação para tirar do sermão e definir como tarefas para a semana. Em vez disso, ao ouvirmos com fé e contemplarmos a glória de Cristo em nossas almas, "somos transformados, de glória em glória, na sua própria imagem" (2Co 3.18).

Por isso é tão essencial que a pregação se preocupe não com o pregador ou com os ouvintes, mas com Jesus. Somente ao percebê-lo existe um verdadeiro poder de mudança. Somente por meio dele e de seu evangelho nossa fé é fortalecida e renovada. E somente em conhecê-lo e deleitar-se nele nossa alma está verdadeiramente satisfeita.

4. Ser edificado

Embora a edificação não seja a nota principal a ser tocada, ela é um grande benefício da pregação fiel. Deus deu "pastores e mestres, com vistas ao aperfeiçoamento dos santos para o desempenho do seu serviço, para a edificação do corpo de Cristo" (Ef 4.11-12). Um aspecto importante da adoração comunitária é a edificação da igreja. "Procurai progredir, para a edificação da igreja" (1Co 14.12). "Seja tudo feito para edificação" (1Co 14.26).

Porque a boa pregação é fiel à Bíblia, e a Bíblia é a fonte mais importante para edificar a igreja e preparar os santos para o ministério, a boa pregação irá edificar. Não é o foco, mas é um grande efeito.

5. Encontrar Jesus

Finalmente, e mais importante, o principal benefício que a pregação fiel proporciona é encontrar o próprio Jesus e deleitar-se nele, ouvindo e recebendo sua palavra. Como disse Martinho Lutero: "Pregar o evangelho nada mais é do que Cristo vir a nós ou sermos levados a ele".[5]

A boa pregação nos ajuda não só a esquecer-nos de nós mesmos, mas a voltar o olhar para o Deus-homem, que é o único capaz de satisfazer as nossas almas. Na pregação fiel, encontramos Jesus, e sua presença é mediada a nós por meio de sua palavra. A maior graça da pregação é encontrar Cristo, conhecê-lo, adorá-lo e desfrutá-lo como nosso maior tesouro.

---

5 Citado em John C. Clark e Marcus Peter Johnson, *The Incarnation of God* (Wheaton, IL: Crossway, 2015), p. 192.

Isso mudará significativamente nossa perspectiva e experiência com a pregação. O que você acha de ir para o culto da próxima vez não apenas buscando ouvir algum pregador, mas para encontrar Jesus?

CAPÍTULO 16

Lave-se novamente nas águas

P*alavras visíveis*. Esse foi o termo protestante para o batismo e a Ceia do Senhor nos dias após a Reforma. Em complemento às palavras ditas na pregação do evangelho, esses dois atos da igreja reunida são *dramatizações* da graça de Deus. Essas "palavras visíveis" reencenam para nós o centro de nossa fé por meio das imagens e ações dadas por Deus de lavar, comer e beber. Elas envolvem não apenas nossos ouvidos, mas todos os cinco sentidos: audição, visão, tato, olfato e paladar. Junto com a pregação, elas nos revelam repetidamente o cerne do evangelho que professamos e queremos ecoar em nossas vidas. Elas são "sinais" encenados, apontando para realidades além de si mesmos.

Mas essas ordenanças não são apenas sinais, mas "selos". Elas nos confirmam não apenas que Deus fez algo salvífico para a humanidade em geral, mas que sua graça salvadora veio a mim em particular. O evangelho não é apenas verdadeiro para o mundo, mas especificamente *para mim*. E quando uma igreja que crê na Bíblia e ama o evangelho me oferece esse selo, por considerar minha fé sincera, isso pode ser uma grande fonte de segurança de que eu mesmo estou incluído no povo resgatado de Cristo.

Desta forma, o batismo e a Ceia do Senhor servem para nos destacar como igreja, distinta do mundo incrédulo, e são parte do que faz da nova aliança ser uma *aliança* — com atos de iniciação e comunhão contínua, inauguração e também renovação.

OS SACRAMENTOS COMO MEIOS DE GRAÇA

Como observa o teólogo John Frame, as ordenanças não são apenas sinais e selos, mas (como a pregação) servem para trazer a presença de Deus para perto de seu povo.[6] Paulo diz em 1 Coríntios 10.16 que o pão e o cálice são "comunhão" do corpo e sangue de Jesus. Eles renovam e fortalecem nosso senso de estarmos unidos pela fé ao Cristo ressurreto. Como os outros meios de graça, eles não são automáticos, mas operam por meio do poder do Espírito Santo *pela fé*. Aqueles que participam em fé crescem na graça — como fazemos sob a pregação da palavra de Deus — enquanto aqueles que se envolvem sem fé atraem juízo (1Co 11.27-30).[7]

---

6 John Frame, *Systematic Theology* (Phillipsburg, NJ: Presbyterian and Reformed Publishing, 2013), p. 1060.

7 Sou da posição do batismo só de crentes e considero essa verdade como razão para impedir que aqueles sem uma profissão de fé confiável participem dos sacramentos. Eu não apenas negaria a Ceia do Senhor para alguém que não confessa a fé em Jesus, mas também o batismo. No entanto, o debate entre evangélicos que batizam apenas crentes professos (credobatistas) e aqueles que também batizam filhos pequenos de crentes (pedobatistas) é antigo, e não tenho a ilusão de encerrá-lo aqui. Creio que muitos dos benefícios do batismo como um meio de graça são relevantes tanto para os credobatistas quanto para os pedobatistas, especialmente, como discutiremos abaixo, no que diz respeito a "tirar proveito" do batismo de alguém. No entanto, devo observar que ter uma experiência consciente do próprio batismo, e ser capaz de lembrar-se desse batismo, não é apenas essencial para experimentar o próprio

Essas práticas não são, como alguns têm ensinado desde a Reforma, *apenas* sinais ou *meros* símbolos, nem "funcionam" à parte da fé, como sustentam grandes vertentes da igreja. Antes, as duas ordenanças são meios da graça de Deus: canais do poder de Deus instituídos por Cristo, transmitidos pelo Espírito de Deus, dependentes da *fé* cristã nos participantes e concedidos para o contexto comunitário da igreja reunida.

Para muitos, a Ceia do Senhor é mais manifestamente um meio contínuo de graça (trataremos da Mesa no próximo capítulo), mas e quanto ao batismo?

GRAÇA NA ÁGUA

O batismo marca a iniciação na nova aliança. Deve ser aplicado apenas uma vez, a um crente considerado por uma congregação local como tendo uma profissão de fé legítima, como entrada na plena comunhão da igreja visível. O drama do evangelho experimentado e exibido no batismo corresponde às graças da conversão na vida cristã em sua recepção inicial do evangelho: perdão inicial e purificação do pecado, fé e arrependimento, a nova vida do novo nascimento; tudo isso e mais, em união com Cristo (Rm 6.3-5).

O batismo não é apenas obediência ao mandamento de Cristo e um testemunho vivo da fé, que o candidato tem em Jesus, a todas as testemunhas, mas também serve como um meio de alegria para quem está sendo batizado. Não é apenas uma confirmação valiosa dada pela igreja visível de que nascemos de novo, como também uma experiência

---

batismo como um meio de graça, mas também uma grande vantagem em buscar "tirar proveito" do próprio batismo ao observar com fé o batismo de outras pessoas. Mais sobre isso adiante.

única e singular da graça do evangelho dramatizada para aquele que está na água, que é simbolicamente sepultado com Jesus em sua morte e ressuscitado para andar em novidade de vida (Rm 6.4).

TIRE PROVEITO DE SEU BATISMO

O batismo não é um meio de graça apenas para o candidato da vez, mas também para todos os crentes que observam com fé. Isso é importante para o cristão, mas é algo que muitas vezes deixamos passar. O Catecismo Maior de Westminster (pergunta 167) chama isso de "nos beneficiarmos do nosso batismo". Sua densa declaração merece uma leitura cuidadosa:

> O dever necessário, mas muito negligenciado, de nos beneficiarmos do nosso batismo, deve ser cumprido por nós durante a nossa vida, especialmente no tempo da tentação e quando assistimos à administração desse sacramento a outros, por meio de séria e grata consideração de sua natureza e dos fins para os quais Cristo o instituiu, dos privilégios e benefícios conferidos e selados por ele e do voto solene que nele fizemos; por meio de humilhação devida à nossa corrupção pecaminosa, às nossas faltas, e ao andarmos contrários à graça do batismo e aos nossos votos; por crescermos até à certeza do perdão de pecados e de todas as demais bênçãos a nós seladas por esse sacramento; por fortalecer-nos pela morte e ressurreição de Cristo, em cujo nome fomos batizados para mortificação do pecado e a vivificação da graça e por esforçar-nos a viver pela fé, a ter a nossa conversação em santidade e retidão, como convém

àqueles que deram os seus nomes a Cristo, e a andar em amor fraternal, como batizados pelo mesmo Espírito em um só corpo.[8]

Esse é um parágrafo longo e complicado, mas seu resumo é: O batismo não é apenas uma bênção para nós naquela ocasião memorável em que éramos os novos crentes na água. Também se torna uma reencenação do evangelho para o observador e um meio de graça ao longo de nossa vida cristã, ao observarmos, com fé, o batismo de outras pessoas e renovarmos em nossa alma as riquezas da realidade de nossa identidade em Cristo, retratada em nosso batismo (Rm 6.3-4; Gl 3.27; Cl 2.12). Wayne Grudem escreve:

> Quando há fé genuína por parte da pessoa batizada, e quando a fé da igreja que testemunha o batismo é estimulada e incentivada pela cerimônia, então o Espírito Santo certamente age por meio do batismo, que se transforma assim num "meio de graça" pelo qual o Espírito Santo dispensa bênçãos à pessoa batizada e também à igreja.[9]

OBSERVE COM FÉ, LAVE SUA ALMA

Portanto, quando sua igreja agitar as águas, não fique olhando para o nada enquanto espera esse inconveniente passar,

---

8 "Catecismo Maior de Westminster", *Igreja Presbiteriana do Brasil*, www.ipb.org.br/content/Arquivos/Catecismo_Maior_de_Westminster.pdf (acesso em: 02 de maio de 2022).

9 Wayne Grudem, *Teologia Sistemática: atual e exaustiva* (São Paulo: Vida Nova, 2010), p. 805.

aguardando o restante do culto. Você não precisa ser rebatizado para experimentar novamente a graça deste drama.

Em vez disso, com os olhos da fé, observe o evangelho sendo exposto nas águas. Veja a pregação do sacrifício de Cristo retratado para você e ouça a música de sua própria nova vida no sepultamento do crente e em sua ressurreição em Jesus. Fique atento às águas e à testemunha. Observe com fé e lave sua alma novamente nas boas novas de estar unido a Jesus.

CAPÍTULO 17

Cresça em graça na mesa

A Ceia do Senhor é uma refeição extraordinária. Com certeza, é simplesmente um meio ordinário da graça de Deus para sua igreja, e são simplesmente pão e vinho comuns. No entanto, mesmo sendo comida e bebida, pode ser uma experiência extraordinariamente poderosa.

Junto com o batismo, a Ceia é um dos dois sacramentos especialmente instituídos por Jesus para significar, selar e fortalecer o povo de sua nova aliança. Chame-os de *ordenanças*, se preferir. A verdadeira questão não é o termo, mas o que queremos dizer com ele, e se lidamos com esses meios gêmeos da graça de Deus como Jesus deseja, para guiar e moldar a vida da igreja em sua nova aliança com o Noivo.

Como dissemos várias vezes, os meios da graça são os vários canais que Deus designou para suprir regularmente sua igreja com poder espiritual. Os princípios fundamentais dos meios de graça são a voz (palavra) de Jesus, seu ouvido (oração) e seu corpo (igreja). As várias disciplinas e práticas, então — nossos hábitos de graça — são maneiras de *ouvi-lo (sua palavra) e respondê-lo (em oração), no contexto de seu povo (a igreja).*

Moldadas e apoiadas por esses princípios, mil flores práticas crescem na vida da comunidade da nova aliança. Mas poucas outras práticas (ou nenhuma delas) reúnem todos os três princípios da graça, como a pregação da palavra de Deus e a celebração dos sacramentos, no contexto da adoração comunitária. Aqui, então, estão quatro aspectos da Ceia a serem considerados ao vê-la como um meio de graça.

A GRAVIDADE: BÊNÇÃO OU JULGAMENTO

Uma das primeiras coisas a notar é que a Ceia não deve ser tomada levianamente. Lidar com os elementos "indignamente" é a razão que Paulo dá aos coríntios "por que há entre vós muitos fracos e doentes e não poucos que dormem" (1Co 11.27-30).

Grandes coisas estão em jogo quando a igreja se reúne à mesa de seu Senhor. Bênção e julgamento estão diante de nós. Tal como acontece com a pregação e os outros meios de graça, não há neutralidade. Nosso evangelho é "o bom perfume de Cristo, tanto nos que são salvos como nos que se perdem. Para com estes, cheiro de morte para morte; para com aqueles, aroma de vida para vida" (2Co 2.15-16). Assim também o "sermão visível" da Ceia conduz da vida para a vida, ou da morte para a morte. A Mesa não nos deixará indiferentes, mas mais próximos de nosso Salvador ou mais insensíveis a ele. Isso leva a um segundo aspecto.

O PASSADO: REENCENANDO O EVANGELHO

Ao instituir a Ceia, Jesus instruiu seus discípulos: "Fazei isto em memória de mim" (Lc 22.19), e Paulo aplica duas vezes a frase "em memória de mim" em suas instruções à igreja (1Co 11.24-25).

A Ceia do Senhor é nada menos do que uma refeição memorial que nos leva de volta à instituição da aliança no Calvário pelo sacrifício de Cristo, entregando-se por nós. Juntamente com o batismo, o casamento e um bom funeral cristão, a Mesa dá à vida da igreja um ritmo formal de recordação e reencenação daquilo que é de primeira importância (1Co 15.3), o evangelho da obra salvadora de Cristo por nós. Ela ajuda a incorporar a centralidade do evangelho na companhia dos redimidos.[1]

Como o batismo, a Ceia nos dá uma dramatização divinamente autorizada do evangelho, em que o cristão recebe espiritualmente — por meio do paladar, visão, olfato e tato físicos — o corpo perfurado e o sangue derramado de Jesus pelos pecadores. A Mesa é um ato de renovação da nova aliança, um rito repetido de comunhão contínua e perseverança constante em recebermos o evangelho. Ela nos ajuda a reter a palavra (1Co 15.2) e a permanecer na fé, "alicerçados e firmes, não vos deixando afastar da esperança do evangelho" (Cl 1.23).

O PRESENTE: PROCLAMANDO SUA MORTE

Portanto, a Mesa é mais do que simplesmente um memorial. Essa rica lembrança do sacrifício de Jesus e a aceitação dos elementos em fé acompanha uma proclamação presente de sua

---

1 Casamentos e funerais podem ser vistos como meios da graça de Deus quando abordados com fé. No casamento, vemos a representação da aliança entre Cristo e sua igreja. Em um funeral, a morte da pessoa homenageada nos lembra não apenas que a vida é uma neblina (Tg 4.14), mas também de nossa própria finitude, dos efeitos do pecado e da vindoura vitória final de Cristo sobre o pecado e a morte (1Co 15.54-58). A igreja protestante (corretamente) não os considerou sacramentos ou ordenanças; no entanto, eles são lembretes úteis do evangelho e podem servir como meio de graça para aqueles que têm fé.

morte e seu significado. "Porque, todas as vezes que comerdes este pão e beberdes o cálice, anunciais a morte do Senhor, até que ele venha" (1Co 11.26). Este sermão visível, como a pregação audível, é "poderoso para vos confirmar" de acordo com o evangelho (Rm 16.25) como um meio de graça para aqueles que observam e participam com fé. Aquele que participa sem fé "será réu do corpo e do sangue do Senhor" (1Co 11.27) e "come e bebe juízo para si" (1Co 11.29), enquanto "aqueles que comem e bebem de maneira digna participam do corpo e do sangue de Cristo, não fisicamente, mas espiritualmente, de maneira que, pela fé, são nutridos com os benefícios que ele obteve por meio de sua morte, e assim crescem em graça".[2]

Nesse sentido, a Ceia do Senhor é um caminho poderoso para aprofundar e sustentar a vida cristã. "A participação na Ceia do Senhor", escreve Wayne Grudem, é

> muito claramente um meio de graça que o Espírito Santo usa para dispensar bênçãos à igreja. [...] Existe uma união espiritual entre os salvos e com o Senhor, que se fortalece e se solidifica na ceia do Senhor, e ela não deve ser desprezada. [...] É de se esperar que o Senhor distribua bênçãos espirituais aos que participam da ceia do Senhor com fé e obediência às orientações dispostas nas Escrituras; dessa forma ela se torna "meio de graça" que o Espírito Santo usa para nos dispensar bênçãos.[3]

---

2 "Desiring God: An Affirmation of Faith", *Desiring God*, www.desiringgod.org/affirmation-of-faith (acesso em: 2 de maio de 2022), 12.4.
3 Wayne Grudem, *Teologia Sistemática: atual e exaustiva* (São Paulo: Vida Nova, 2010), p. 805–806.

O FUTURO: AGUARDANDO O BANQUETE

Como afirma a Confissão de Fé de Westminster, a Mesa, recebida com fé, é para nosso "nutrimento espiritual e crescimento".[4] Ela não apenas fortalece nossa união com Jesus, mas também nossa comunhão com os demais crentes em Cristo. Ao nos reunirmos para a Ceia para nos alimentarmos espiritualmente de Cristo (Jo 6.53-58), ele nos aproxima não apenas de si mesmo, mas também dos outros no corpo (1Co 10.17).

À mesa, ouvimos a voz de Jesus, somos ouvidos por nosso Salvador e temos comunhão com ele e com outras pessoas em seu corpo. Recebemos seu evangelho novamente, respondemos com fé e unimos nossos corações no pão e no cálice que compartilhamos. E ao fazer isso, olhamos não apenas para o passado e lembramos o que ele fez, e não apenas para o presente e nossa união crescente com ele, mas também para o futuro e o banquete completo por vir na grande ceia de suas bodas (Ap 19.9). "Todas as vezes que comerdes este pão e beberdes o cálice, anunciais a morte do Senhor, *até que ele venha*" (1Co 11.26).

"Comemos apenas pedacinhos de pão e bebemos pequenos copos de vinho", diz John Frame, "pois sabemos que nossa comunhão com Cristo nesta vida não pode ser comparada à glória que nos espera nele".[5]

---

4 "Catecismo Maior de Westminster", *Igreja Presbiteriana do Brasil*, www.ipb.org.br/content/Arquivos/Catecismo_Maior_de_Westminster.pdf (acesso em: 02 de maior de 2022), 29.1.

5 John Frame, *Systematic Theology* (Phillipsburg, NJ: Presbyterian and Reformed Publishing, 2013), p. 1069.

CAPÍTULO 18

Receba a bênção da repreensão

Uma das coisas mais amorosas que podemos fazer uns pelos outros na igreja é dizer um ao outro quando estamos errados. Chame isso de correção, repreensão ou exortação — Paulo usa todos os três termos em apenas quatro versículos em 2 Timóteo 3.16–4.2 — mas não perca o que a torna algo distintamente cristão e um presente para nossas almas: *é um grande ato de amor*. O tipo de repreensão que as Escrituras recomendam é o tipo que visa nos impedir de continuar em um caminho destrutivo.

Há pelo menos dois participantes em uma repreensão que serve às nossas almas como um meio da graça de Deus. Um é o que dá a repreensão; o outro a recebe. Neste capítulo, trataremos primeiro sobre receber uma repreensão de um irmão como uma graça de Deus; em seguida, veremos o que significa sermos um meio da graça de Deus ao repreender com humildade e amor.

O DIVISOR DE ÁGUAS DA SABEDORIA

A repreensão é uma bifurcação no caminho de uma alma pecadora. Será que vamos nos retrair da correção como uma maldição, ou aceitar a repreensão como uma bênção? Um dos grandes temas em Provérbios é que aqueles que aceitam a repreensão são sábios e trilham o caminho da vida, enquanto aqueles que desprezam a correção são tolos rumando para a morte.

As advertências proverbiais contra rejeitar a correção fraterna são surpreendentes. Aquele que rejeita a repreensão anda errado (Pv 10.17), é estúpido (12.1) e insensato (15.5), e menospreza a sua alma (15.32). "O que odeia a repreensão morrerá" (15.10), e "pobreza e afronta sobrevêm ao que rejeita a instrução" (13.18).

Mas igualmente surpreendentes são as promessas de bênção para aqueles que aceitam a repreensão. "O que guarda a repreensão será honrado" (Pv 13.18) e "consegue a prudência" (15.5). "O que atende à repreensão adquire entendimento" (15.32), "ama o conhecimento" (12.1), habitará entre os sábios (15.31) e está no caminho para a vida (10.17) — porque "A vara e a disciplina dão sabedoria" (29.15), e "as repreensões da disciplina são o caminho da vida" (6.23).

A quem recebe a repreensão, Deus diz: "eis que derramarei copiosamente para vós outros o meu espírito" (Pv 1.23), mas a quem a despreza: "eu me rirei na vossa desventura" (1.25-26). Sobre aqueles que rejeitam a correção, é dito: "comerão do fruto do seu procedimento e dos seus próprios conselhos se fartarão" (1.30-31), e é apenas uma questão de tempo até que eles mesmos digam: "Cheguei à beira da ruína completa" (5.12-14, NVI).

E quando vier a ruína para o tolo que resiste à repreensão, será repentina e devastadora: "O homem que muitas vezes repreendido endurece a cerviz será quebrantado de repente sem que haja cura" (Pv 29.1).

ABRA O PRESENTE

O sábio reconhece a repreensão como um presente de ouro (Pv 25.12). É uma gentileza e um símbolo de amor. "Fira-me o justo, será isso mercê; repreenda-me, será como óleo sobre a minha cabeça, a qual não há de rejeitá-lo" (Sl 141.5).

Normalmente, para alguns em nossa vida é mais fácil não dizer nada e apenas nos deixar seguir alegremente pelo caminho da loucura e da morte. Mas a repreensão é um ato de amor, uma disposição para enfrentar aquele momento embaraçoso e, talvez, ter seu conselho jogado de volta na sua cara, pelo risco de fazer o bem a alguém. Quando um cônjuge, amigo, parente ou colega chega a esse nível de amor, devemos ser profundamente gratos.

OUÇA A VOZ DE DEUS NA VOZ DE SEU IRMÃO

Aqueles de nós que têm em Cristo "todos os tesouros da sabedoria e do conhecimento" (Cl 2.3) e estão em seu juízo perfeito seguirão o alerta: "Ouve o conselho e recebe a instrução, para que sejas sábio nos teus dias por vir" (Pv 19.20). Não apenas toleraremos que um irmão ou irmã se pronuncie sobre nossa vida em raras ocasiões, mas os convidaremos a fazê-lo; e, quando o fizerem, aceitaremos isso como uma bênção. Mesmo quando a repreensão é mal feita, a ocasião e o tom são ruins e a motivação parece suspeita, desejaremos aproveitar cada grão de verdade, para então nos arrepender e agradecer a Deus pela graça de ter pessoas em nossas vidas que nos amam o bastante para dizer algo difícil.

Se não queremos rejeitar a disciplina do Senhor, nem nos cansarmos de sua repreensão (Pv 3.11), perguntaremos:

como a repreensão de Deus chega a mim com mais frequência? Resposta: na repreensão de um irmão ou irmã em Cristo. Devemos ter cuidado em resistir à correção de um irmão em Jesus, especialmente quando ela ecoa em várias vozes, sabendo que provavelmente estamos resistindo à correção do próprio Deus.

Quando um irmão ou irmã em Cristo se dá ao trabalho de ter uma conversa desagradável que traz correção para nossa vida, devemos nos inundar de gratidão. "O Senhor repreende a quem ama" (Pv 3.12). Considere isso como um ato de amor de seu irmão e como canal do amor de Deus por você.

FALAR É FÁCIL

Mas tudo isso, é claro, é muito mais fácil de ser dito do que feito. Bem no fundo, nas cavernas de nosso pecado remanescente, onde podemos ser mais resistentes à verdadeira graça em suas formas variadas, não queremos ouvir a correção. Algo rebelde em nós se retrai.

Quando ouvimos que "Toda a Escritura é inspirada por Deus e útil", é natural ficarmos mais entusiasmados com a parte de ser "para o ensino" e "para a educação na justiça" do que "para a repreensão" e "para a correção" (2Tm 3.16). Isso é pessoal demais. Isso pisa no nosso calo.

E as forças externas não tornam as coisas mais fáceis. Não deveria nos surpreender que o ar social que respiramos seja hostil à correção e repreensão, mesmo em suas variedades mais gentis e amorosas. Se não se reconhece a humanidade como depravada por natureza e pecaminosa na prática, então a repreensão não é mais um salva-vidas, mas um aborrecimento, e até mesmo uma ofensa. Mas se reconhecermos que somos falhos, egoístas, arrogantes e que pecamos regularmente com nossas palavras e ações, então aprenderemos a ver a repreensão de um irmão como a tremenda graça que de fato é.

LIBERE O PODER

Porém, por mais que receber repreensão vá contra nossos instintos naturais ou nos pegue desprevenidos em nossa vida cristã, temos esta grande esperança na qual crescer: o amor de Cristo por nós é a nossa chave para destravar o poder da repreensão. Com ele em vista, aquele "que me amou e a si mesmo se entregou por mim" (Gl 2.20), a repreensão já não será um ataque aos nossos fundamentos e ao nosso profundo senso de valor, mas se tornará uma nova oportunidade para crescimento e maior alegria.

É outra graça do evangelho podermos, pelo Espírito, amadurecermos o suficiente para ouvir qualquer repreensão como um caminho para ainda mais graça. É o evangelho que nos dá os meios para verdadeiramente nos inclinarmos para a correção e recebermos suas riquezas. Somente em Jesus podemos encontrar nossa identidade, não em não termos defeitos, mas em sermos amados por Deus quando ainda somos pecadores, cheios de defeitos (Rm 5.8). Com tal Salvador para firmar nossos pés, podemos aceitar a repreensão como a bênção que é.

DÊ A BÊNÇÃO DA REPREENSÃO

A repreensão é uma bênção que requer duas pessoas. O amor nos compele não apenas a querer receber uma repreensão com uma identidade no evangelho, mas também a oferecer esse presente a outros. Uma das coisas mais amorosas que podemos fazer pelos outros é dizer-lhes quando estão em erro.

Embora já seja bastante difícil aceitar a bênção da repreensão, quando é você quem recebe alguma palavra de correção, pode ser ainda mais difícil iniciar e conduzir aquele momento embaraçoso no qual amamos tanto alguém a ponto de confrontá-lo. "Se é difícil aceitar uma correção, mesmo que seja particular", diz D. A. Carson, "é ainda mais difícil administrá-la com humildade amorosa".[1]

Mas, por mais difícil que seja, se realmente acreditamos que todos somos pecadores e que o pecado irrefreado leva à dor, miséria e destruição eterna, o amor nos constrange a oferecer o presente da repreensão amorosa. Aqui, então, no espírito de buscar prover repreensão em "humildade amorosa", estão sete passos para uma correção verdadeiramente cristã.

1. Verifique seu próprio coração primeiro

As palavras de Jesus são um bom lugar para começar. Muitas vezes, as expressões sutis de pecado que vemos nos outros chamam nossa atenção porque encontram ressonância em nosso próprio coração. Nosso orgulho interior é rápido em nos alertar sobre o orgulho dos outros. A ganância indomada em nosso coração percebe o amor dos outros pelas posses. Um lapso de língua ao qual também estamos propensos chama nossa atenção em outra pessoa.

Portanto, o primeiro passo ao encontrar o pecado em outras pessoas é seguir a diretriz clara de Jesus: "Tira primeiro

---

[1] D. A. Carson, *Matthew*, ed. rev., The Expositor's Bible Commentary (Grand Rapids, MI: Zondervan, 2010), p. 456.

a trave do teu olho e, então, verás claramente para tirar o argueiro do olho de teu irmão" (Mt 7.5). E lembre-se do alerta de Gálatas 6.1 ao ajudar a restaurar um irmão: "guarda-te para que não sejas também tentado".

O que fazemos então quando encontramos o argueiro do pecado de outra pessoa em nós também? Isso significa que a oportunidade de ajudar um irmão já passou, porque temos trabalho suficiente para fazer em nós mesmos? Talvez; mas esperamos que não. Antes de abordá-lo sobre seu pecado, renove seu próprio arrependimento por suas tendências à mesma tentação, e então venha para seu irmão com renovada humildade e empatia, como um companheiro combatente contra o pecado.

2. Procure ter empatia

Quer você tenha "passado por isso" e se identifique com o pecado específico da outra pessoa ou não, ore por empatia e procure se lembrar do que podemos considerar a Regra de Ouro da Repreensão: "Tudo quanto, pois, quereis que os homens vos façam, assim fazei-o vós também a eles" (Mt 7.12).

Por um lado, isso deve confirmar que, quando observamos algo em um irmão que precisa de correção, o gesto amoroso não é deixar passar, mas chamar sua atenção. Não é isso que a sua parte mais santificada também gostaria? E, por outro lado, isso nos leva a proceder com uma certa postura e comportamento — o que Carson chama de "humildade amorosa".

Tanto quanto puder, coloque-se no lugar deles e pense em como lembrá-los das verdades fundamentais do evangelho, quando tentar abrir seus olhos para alguma realidade adicional relacionada ao pecado persistente. Considere a maneira pela qual você gostaria de ser abordado com tal observação e faça um esforço extra para garantir que ela soe como uma palavra de correção fraternal, não de condenação. "Levai as cargas uns dos outros e, assim, cumprireis a lei de Cristo" (Gl 6.2).

3. Ore por restauração

Tendo verificado seu próprio olho e buscado empatia, ore pelo outro antes de confrontá-lo. Ore pelo momento em que você se aproximar dele, para que sua palavra de correção tenha bastante contexto no evangelho, para que ele receba sua repreensão amorosa e para que, se ele resistir no momento, Deus logo amacie seu coração para perceber a verdade de sua observação. Ore também por coragem amorosa para gentilmente manter-se firme e não recuar na hora, se ele retrucar ou se o advogado interior dele prontamente fizer objeções.

Ore e busque restauração, e não apenas consertar erros e apaziguar seu próprio senso de justiça. Quer seja o processo formal de Mateus 18.15-17 em resposta a algum erro ou desvio flagrante, ou as exortações cotidianas informais de Hebreus 3.12-13 para a vida em comunidade, toda correção bíblica visa à restauração (Lc 17.3-4; 2Ts 3.14-15; Tg 5.19-20).

4. Seja rápido

Ore pela restauração da outra pessoa, mas não espere muito de joelhos. Hebreus nos incentiva a ser rápidos e constantes — "cada dia". Não deixe os padrões manifestamente pecaminosos proliferarem. Se possível, nem sequer deixe o sol se pôr.

> Tende cuidado, irmãos, jamais aconteça haver em qualquer de vós perverso coração de incredulidade que vos afaste do Deus vivo; pelo contrário, exortai-vos mutuamente *cada dia*, durante o tempo que se chama Hoje, a fim de que nenhum de vós seja endurecido pelo engano do pecado. (Hb 3.12-13)

Oferecer uma palavra corretiva em humildade amorosa não é apenas para palavras e ações que são totalmente erradas ou quase blasfemas, mas para quando percebemos alguma trajetória aparente de mal ou engano. O ideal é que vivamos em uma comunidade honesta e constante — falando sem demora e ouvindo com maturidade dada pelo evangelho — em que palavras suaves e gentis de repreensão e correção são comuns, que o pecado é regularmente cortado pela raiz, sem receber tempo e espaço para crescer e se tornar uma erva daninha alta e desagradável.

5. Seja gentil

O que faz com que uma palavra corretiva seja verdadeiramente cristã não são apenas lembretes explícitos das verdades do evangelho, mas também um tom e uma conduta que combinam com nosso Mestre. Há um lugar para gravidade e severidade em resposta à clara insensibilidade do coração, mas na maioria das vezes, no tipo de correção convencional que oferecemos uns aos outros na comunidade, é o padrão gentil de "servo do Senhor" que melhor nos atende:

> Ora, é necessário que o servo do Senhor não viva a contender, e sim deve ser *brando para com todos*, apto para instruir,

> paciente, *disciplinando com mansidão os que se opõem*, na expectativa de que Deus lhes conceda não só o arrependimento para conhecerem plenamente a verdade, mas também o retorno à sensatez, livrando-se eles dos laços do diabo, tendo sido feitos cativos por ele para cumprirem a sua vontade. (2Tm 2.24-26)

Em certo sentido, qualquer repreensão justa é uma gentileza. "Fira-me o justo, será isso mercê; repreenda-me, será como óleo sobre a minha cabeça, a qual não há de rejeitá-lo" (Sl 141.5). Mas é uma dádiva maior ainda quando tal gentileza é oferecida de maneira gentil. E se devemos corrigir um oponente com mansidão (2Tm 2.25), quanto mais um amigo!

Por mais que os vestígios de pecado em nós tornem nossas mãos duras para com outros pecadores, o Espírito opera outro padrão em nós, à medida que caminhamos à luz do evangelho. "Irmãos, se alguém for surpreendido nalguma falta, vós, que sois espirituais, corrigi-o com espírito de brandura" (Gl 6.1).

6. Seja claro e específico

Mas sua gentileza pode passar a mensagem errada se não for acompanhada de clareza. Quando já examinamos nosso próprio coração, buscamos empatia, oramos por restauração e fomos rápidos e gentis em lidar com o pecado, temos então o poder de ser francos e diretos, sem precisar pisar em ovos a respeito do que realmente chamou nossa atenção.

Antes de abordar alguém com uma palavra corretiva, deixe claro em sua mente o que você está observando e como isso pode ser prejudicial. Você pode até rabiscar algumas palavras-chave ou frases no papel para ter certeza de que será objetivo o suficiente na comunicação e não muito preso em seu próprio senso subjetivo. Tenha exemplos específicos prontos. Ore e aplique o amor do apóstolo pela franqueza e pela "clara exposição da verdade" (2Co 4.2, NVI). Sua oração em Colossenses 4.4 é sobre transparência ao falar o evangelho, mas também se relaciona com a correção de nosso irmão: "Orem para que eu possa manifestá-lo abertamente, como me cumpre fazê-lo" (NVI).

7. Acompanhe

Finalmente, planeje alguma forma de fazer o acompanhamento. Se ele responder bem, prossiga com uma mensagem, telefonema ou conversa, e elogie essa evidência de graça em sua vida. Se ele não responder bem, prossiga com alguma expressão adicional de amor, talvez um lembrete de que você não tem nada a ganhar além do bem dele, que você estará feliz em estar errado se a correção for muito subjetiva, e que você está orando em seu favor enquanto ele considera sua observação.

Oferecer palavras de correção regulares e graciosas pode parecer uma coisa muito pequena na vida da comunidade. É muito fácil deixar passar os pequenos pecados e cuidar da sua própria vida. Mas o efeito de longo prazo dessa graça ativa, administrada com humildade amorosa, pode ter implicações eternas. "Meus irmãos, se algum entre vós se desviar da verdade, e alguém o converter, sabei que aquele que converte o pecador do seu caminho errado salvará da morte a alma dele e cobrirá multidão de pecados" (Tg 5.19-20).

PARTE 4

Desfecho

CAPÍTULO 19

A comissão

Dissemos no início que não haveria lugar num livro deste tamanho para um tratamento completo dos meios da graça e dos muitos bons hábitos que podemos cultivar em torno deles. Há muito mais a ser dito no nível do princípio e da teologia, para não mencionar incontáveis especificidades e ideias criativas que poderíamos abordar para a prática cotidiana. Deixo isso para outros autores, e melhor ainda, para sua própria criatividade, tentativa e erro, e de outros em sua vida e comunidade. Mas antes de partir, será útil tocar brevemente em três tópicos mais orientados para a prática que estão intimamente relacionados aos meios da graça.

Muitos consideram o evangelismo e a mordomia (tanto de tempo quanto de dinheiro) como disciplinas espirituais. Certamente há elementos aqui que envolvem disciplina, e há princípios e promessas bíblicas que nos levariam corretamente a pensar neles como meios de graça em algum sentido real. Contudo, considero mais útil tratar a missão, o tempo e o dinheiro conjuntamente como disciplinas e atividades que são, antes e acima de tudo, reflexos de ouvir regularmente a palavra de Deus, ser ouvido por ele e pertencer a seu corpo. Receber a graça contínua de Deus para nossas almas nos sustenta, inspira e capacita para o evangelismo e a mordomia.

E quando falarmos sobre o relógio (cap. 21) e o dinheiro (cap. 20), poderá ser mais útil fazê-lo dentro da estrutura da Grande Comissão.

MISSÃO COMO MEIO DE GRAÇA

Não iremos mais fundo com Jesus enquanto não começarmos a desejar estender o nosso alcance. Quando nossa vida nele é saudável e vibrante, não apenas desejamos continuar aprofundando nossas raízes nele, mas também queremos aumentar nossos galhos e estender sua bondade aos outros.

Ir mais fundo com Jesus logo nos leva a estender a mão aos outros; mas estender a mão também nos leva a ir mais fundo com ele. Em outras palavras, embarcar na missão de Jesus de discipular as nações pode ser exatamente o instrumento dele para superar sua letargia espiritual e reativar sua santificação paralisada. Um pastor veterano escreve:

> Frequentemente encontro cristãos que estão mal espiritualmente, mantendo a fé, mas sem avançarem muito. O estudo bíblico se tornou uma tarefa árdua; a oração é uma rotina árida. O milagre de sua própria conversão, antes contado com grande paixão, agora é uma memória distante e apagada. E ir à igreja, bem, é algo que eles simplesmente fazem. Mecanicamente e sem entusiasmo, essas pessoas marcham ao longo do trabalho enfadonho do cristianismo recluso.
>
> Mas quando esses crentes apáticos saem do isolamento espiritual e encontram alguns necessitados espirituais, algo maravilhoso começa a acontecer. À medida que vivenciam as conversas cruciais que tendem a acontecer

com pessoas de fora da igreja, eles começam a notar que uma espécie de renovação interior está acontecendo. Áreas há muito ignoradas de repente ganham vida com um novo significado. [...] Não é maravilhoso como o aumento de nossos esforços para alcançar outras pessoas pode ser um catalisador para o crescimento pessoal?[1]

Viver em missão não é apenas um efeito da graça de Deus que vem a nós pelos canais de sua palavra, oração e comunhão, mas também pode se tornar um meio de sua graça para nós na totalidade da vida cristã.

DISCIPULADO COMO MEIO DE GRAÇA

O discipulado é o processo no qual um crente mais maduro se dispõe, por um determinado período, a investir em um ou alguns crentes mais novos, a fim de ajudar seu crescimento na fé — o que inclui ajudá-los também a investir em outros, que irão investir em outros. Isso foi a maior parte do ministério de Jesus, desde o momento em que ele chamou apenas doze: "Vinde após mim, e eu vos farei pescadores de homens" (Mt 4.19), até enviá-los: "Ide, portanto, fazei discípulos de todas as nações" (Mt 28.19).

Não é surpreendente que normalmente pensemos em discipulado como algo unilateral. O cristão "mais velho" e mais maduro está dando seu tempo e energia para investir intencionalmente em um crente mais novo. A experiência do próprio discipulador com os meios de graça (palavra, oração

---

1 Bill Hybels, *Becoming a Contagious Christian* (Grand Rapids, MI: Zondervan, 1996), p. 30, 32.

e comunhão) serve para alimentá-lo espiritualmente para poder transmitir aos outros. Porém, o discipulado é a essência da comunhão cristã, e todo crente, habitado pelo Espírito de Deus, pode ser um canal da graça de Deus para qualquer outra pessoa. Isso significa que um bom discipulado é sempre uma via de mão dupla. O "discípulo" e o "discipulador" são, fundamentalmente, discípulos de Jesus. E assim, como Stephen Smallman diz: "Nosso envolvimento em fazer discípulos será uma das coisas mais significativas que podemos fazer para nosso próprio crescimento como discípulos".[2] É como qualquer matéria; nós mesmos entendemos melhor quando ensinamos aos outros.

Fazer discípulos é um grande meio da graça contínua de Deus na vida de quem está discipulando. Aqui estão quatro formas dela, entre muitas outras.

1. O discipulado nos mostra nossa pequenez e a grandeza de Deus

Fazer discípulos ativamente nos ajuda a ver nossas vidas em uma proporção melhor — não conosco no centro, fazendo grandes coisas, mas alegremente situados na periferia, fazendo nossa pequena parte em um grande e glorioso plano, do tamanho de Deus. É surpreendente que Jesus mencione "as nações". *Discipular as nações*. A visão é enorme; tão grande quanto poderia ser. Apesar disso, nossa parte é pequena.

Um refrão memorável que ouvi repetidamente nos círculos do Campus Outreach é: "pense grande, comece pequeno,

---

[2] Stephen Smallman, *The Walk: Steps for New and Renewed Followers of Jesus* (Phillipsburg, NJ: Presbyterian and Reformed Publishing, 2009), p. 211.

vá fundo". Pense grande: a glória global de Deus, entre todas as nações. Comece pequeno: concentre-se em alguns, como Jesus fez. Vá fundo: invista profundamente nesses poucos, tão profundamente que eles estarão capacitados e preparados para fazer o mesmo na vida de outros.

Discipulado é algo tão grande quanto a Grande Comissão e tão pequeno e aparentemente inferior quanto a vida cotidiana. A vida cristã não apenas conecta nossas pequenas vidas com os propósitos globais de Deus, mas também traduz a grandeza da missão na pequenez de nossas ações diárias. Discipulado é uma forma fundamental — e a única forma expressamente presente na Comissão — pela qual nossa vida pequena e local se conecta ao plano maior e global de Deus.

Aqui há um lugar para o impulso quase heroico, grandioso do cristão que quer mudar o mundo. Mas essa visão se concretiza na normalidade nada celebrada e nada sexy da vida cotidiana. *Pense grande, comece pequeno, vá fundo*. Pense grande, de modo global, abrangendo a muitos. Aja pequeno, de modo local, abrangendo a poucos. Como escreve Robert Coleman: "Não se pode transformar um mundo, a não ser que os indivíduos do mundo sejam transformados".[3]

2. O discipulado nos desafia a ser cristãos holísticos

À medida que investimos em crentes mais novos para seu crescimento espiritual global e equilibrado, nós mesmos somos lembrados e encorajados a ter uma saúde holística na fé.

---

3 Robert Coleman, *The Master Plan of Evangelism* (Grand Rapids, MI: Revell, 1993), p. 23.

O bom discipulado requer intencionalidade e relacionamento. Significa ser estratégico e social. A maioria de nós está inclinada para um lado ou para o outro. Somos naturalmente relacionais, mas carecemos de intencionalidade. Ou achamos fácil ser intencional, mas não relacional. Tipicamente, pendemos (ou às vezes nos inclinamos) para um dos dois lados, quando começamos o processo de discipulado.

Mas pender ou inclinar-se não cobre tudo que é necessário para o discipulado que investe a vida na vida de outro. Não é apenas de amigo para amigo, e não é apenas de professor para aluno; são os dois. Há o compartilhamento da vida cotidiana (relacionamento) e a busca por iniciar e aproveitar ao máximo os momentos de ensino (intencionalidade). Há as longas caminhadas pela Galileia e os sermões do monte. Discipulado é orgânico e organizado, relacional e intencional, com contexto e conteúdo compartilhados, qualidade e quantidade de tempo.

3. O discipulado nos torna mais conscientes de nossos pecados

Discipular é mais do que falar a verdade; é também partilhar vida, como Paulo escreve aos tessalonicenses: "estávamos prontos a oferecer-vos não somente o evangelho de Deus, mas, igualmente, a própria vida" (1Ts 2.8). Quando Paulo diz "não somente o evangelho", preste atenção. Isso é importante.

Oferecer a própria vida a alguém significa aproximar-se; não apenas compartilhar informações, mas compartilhar também vida e espaço. E quanto mais os pecadores se aproximam, mais pecado aparece (é por isso que o casamento pode ser tão apropriado para a santificação, com dois pecadores que se aproximam cada vez mais).

Em um bom discipulado, podemos demonstrar àqueles em quem investimos algo que os discípulos de Jesus nunca viram nele: como se arrepender. Aqueles que observam nossa vida, procurando imitar nossa fé, precisam nos ver sendo honestos e francos sobre nossos pecados, ouvir nossas confissões, testemunhar nosso arrependimento e nos ver buscar sinceramente a mudança.

Para ser mais específico, fazer discípulos exige morrer para o egoísmo — egoísmo com nosso tempo e com nosso espaço. Para ser ainda mais específico, significa morrer para grande parte de nossa preciosa privacidade. A maioria de nós vive muito mais sozinho do que o necessário. Mas, ao fazer discípulos, perguntamos: como podemos viver uma vida cristã *juntos*? Como posso dar a esse novo cristão acesso à minha vida real, não a uma máscara triunfal que visto uma vez por semana? Isso marca a morte de grande parte de nossa privacidade. Trazemos a pessoa em quem estamos investindo para o processo e a desordem da nossa santificação, assim como também entramos na dela.

Eles têm que estar conosco (Mc 3.14) para termos o tipo de efeito que Jesus teve sobre seus homens: "Ao verem a intrepidez de Pedro e João, sabendo que eram homens iletrados e incultos, admiraram-se; e reconheceram que haviam eles estado com Jesus" (At 4.13). E ao fazermos isso, novas manifestações de pecado serão expostas em nós, e perceberemos que necessitamos ainda mais da graça contínua de Deus.

4. O discipulado nos ensina a confiar mais em Jesus

Fazer discípulos costuma ser um trabalho difícil e confuso. Você verá suas fraquezas, falhas e inadequações como nunca viu antes e, com a ajuda de Deus, isso o ensinará a se apoiar mais ainda em Jesus.

Bons discipuladores devem aprender, confiando no Espírito, a lidar bem com o fracasso. E a maneira cristã de lidar bem com o fracasso é levá-lo à cruz.

Por mais simples que o discipulado possa parecer, não será fácil e, se você for honesto consigo mesmo, não será sem fracassos. Fracassos em nosso amor. Fracassos em iniciar o processo. Fracassos em compartilhar o evangelho com clareza e ousadia. Fracassos em oferecer nossa própria vida por causa do egoísmo. Fracassos em seguir adiante, preparar-se adequadamente, orar sem cessar e andar com paciência.

Fazer discípulos nos envolve, expõe nossas falhas e nos ensina a extrair nossa força diária não de nós mesmos, mas de Jesus e do evangelho, que são a essência do discipulado. O evangelho é o bastão a ser passado. Este é o conteúdo, o "depósito" (1Tm 6.20; 2Tm 1.14) passado de uma geração espiritual para a seguinte. Esse é o tesouro em nós, que trabalhamos para que esteja em outros vasos de barro (2Co 4.7).

Discipulamos para não clonar a nós mesmos ou para reproduzir nossas manias e preferências pessoais. Antes, fazemos discípulos para transmitir o evangelho. Não nos centramos em nós mesmos, mas em Jesus, que não é apenas o grande modelo, mas também o conteúdo do discipulado. Nós batizamos no nome de Jesus, não no nosso. E ensinamos a observar tudo o que ele ordenou, não o que pessoalmente aconselhamos.

Mas Jesus e seu evangelho não são apenas o conteúdo principal do discipulado. Jesus também é o Grande Consolo do discipulador falho e imperfeito, que nos liberta de termos que ser o discipulador perfeito. Já houve um, e ele foi perfeito desde a costa da Galileia até a cruz do Calvário, na qual levou nossos pecados e fracassos. Não precisamos imitar seu discipulado perfeito, porque não conseguiremos.

Porém, podemos ter grande consolo de que nele nossas falhas são cobertas, e que o Soberano, que promete edificar sua igreja e estar sempre conosco enquanto cumprimos sua comissão, ama santificar discipuladores mal-acabados e abaixo da média, e ama exaltar a si mesmo, não o discipulador a ele subordinado, como a grande fonte de poder por trás de tudo isso.

CAPÍTULO 20

O dinheiro

Para o cristão, a questão não é apenas *dar*, mas *como*. "Deus ama a quem dá com alegria" (2Co 9.7). E dar alegremente tem base no grande *porquê* da generosidade cristã: o próprio Cristo — nosso Salvador, Senhor e maior tesouro — demonstrou a máxima generosidade ao descer para nos comprar de volta. "Conheceis a graça de nosso Senhor Jesus Cristo, que, sendo rico, se fez pobre por amor de vós, para que, pela sua pobreza, vos tornásseis ricos" (2Co 8.9). Se Jesus está em nós, então cada vez mais essa tendência generosa estará em nós também.

Um dos efeitos do evangelho se aprofundando em nossas almas é que ele libera nossas mãos para afrouxar o controle sobre nossos bens. A generosidade é uma das grandes evidências de que somos verdadeiramente cristãos. Não apenas é o próprio Jesus quem fala com mais frequência, e nos avisa com mais severidade, sobre o perigo da ganância, mas também é ele que apela fortemente para a nossa alegria e diz: "Mais bem-aventurado é dar que receber" (At 20.35).

CINCO VERDADES SOBRE GASTAR E DOAR

Aqui estão cinco verdades para refletirmos sobre gastar e doar, no serviço de amar ao próximo e avançar na missão.

1. Dinheiro é uma ferramenta

O dinheiro em si não é mau. Não é a riqueza *em si* que é pecaminosa, mas querer "ficar rico" (1Tm 6.9). Não é o dinheiro, mas "o *amor* do dinheiro" é que "é raiz de todos os males" (1Tm 6.10), do qual devemos manter nossas vidas livres (Hb 13.5). É essa cobiça (1Tm 6.10) em nossos corações pecaminosos que é tão perigosa.

Com todas as fortes advertências na Bíblia sobre como nos relacionamos com o dinheiro (como a condenação da luxúria e do consumismo em Tiago 5.1-6), pode ser fácil esquecer que o problema não é o dinheiro, mas nosso coração. Finanças, salários e orçamentos são uma parte importante do mundo que nosso Senhor criou e no qual entrou como criatura, com todas as suas limitações de espaço, tempo e finitude.

Quando os oponentes de Jesus perguntaram sobre os impostos a César, ele não criticou os males do dinheiro, mas relativizou seu papel em relação a Deus (Mt 22.21). Quando eles vieram em busca do imposto do templo, ele proveu (milagrosamente) para si mesmo e para Pedro (Mt 17.27). Ele até mesmo elogiou, contra as objeções de Judas, a generosa demonstração de amor de Maria ao ungir seus pés com um unguento caro (que valia mais que o salário de um ano). Jesus chega ao ponto de nos aconselhar: "das riquezas de origem iníqua fazei amigos; para que, quando aquelas vos faltarem, esses amigos vos recebam nos tabernáculos eternos" (Lc 16.9). Em outras palavras, o dinheiro é uma ferramenta que pode ser usada para objetivos piedosos no longo prazo, não apenas para propósitos egoístas de curto prazo.

E as ferramentas são feitas para serem usadas. Apegar-se ao dinheiro não satisfará nossa alma nem atenderá às necessidades de outras pessoas.

2. A maneira como usamos o dinheiro revela nosso coração

Mateus 6.21 contém um lembrete importante: "onde está o teu tesouro, aí estará também o teu coração". Acumular nosso dinheiro diz algo: que tememos não ter fundos suficientes em algum momento no futuro. A avareza expõe nossa descrença na provisão de nosso Pai celestial (Mt 6.26) e na promessa de que ele "segundo a sua riqueza em glória, há de suprir, em Cristo Jesus, cada uma de vossas necessidades" (Fp 4.19).

Doá-lo também diz algo. É uma oportunidade de mostrar e reforçar o lugar da fé e do amor em nosso coração. É uma chance de cumprir alegremente os dois maiores mandamentos por meio de nossa doação, e de cultivar a mente de Cristo por meio de nossos gastos: "Não tenha cada um em vista o que é propriamente seu, senão também cada qual o que é dos outros" (Fp 2.4). É notável como Paulo põe lado a lado os que são amantes do dinheiro (avarentos) e os amantes de si mesmos (egoístas), em 2 Tm 3.2.

Mas o maior teste de nosso tesouro não é se estamos dispostos a gastá-lo, mas com quem e com que o gastamos. A generosidade é uma ocasião para deixar de lado as pequenas alegrias dos gastos autocentrados e buscar os prazeres superiores de gastar com o próximo. Portanto, um bom instinto para desenvolver diante de compras significativas é perguntar o que esse gasto revela sobre nosso coração. Que desejo estou tentando realizar? É algo para conforto pessoal, para o avanço do evangelho ou para expressar amor a um amigo ou parente?

3. O sacrifício varia de pessoa para pessoa

Mas acumular e dar não são as únicas opções. Para a maioria de nós, a maior parte de nossos gastos é para atender às nossas próprias necessidades e às necessidades de nossa família. Esse tipo de gasto é inevitável e necessário. É algo bom. Deus nos provê renda para esses propósitos. E, para muitos de nós, ele dá recursos além de nossas necessidades e nos permite unir-nos a ele na alegria de doar ao próximo.

Isso levanta a questão de quanto é suficiente para as "nossas necessidades". É simplesmente comida, roupa e abrigo em proporções escassas? Onde fica a linha entre os gastos justificáveis ou não com nós mesmos? Existe algum padrão que nos ajude a saber quanto manter e quanto dar para os outros como generosidade?

Agostinho oferece um padrão para as "necessidades desta vida", resumido por Rebecca DeYoung:

> [...] Não apenas o que é necessário para a mera subsistência, mas também o que é necessário para viver uma vida "apropriada" ou digna de seres humanos. A questão não é viver de farelo de pão com paredes nuas e roupas puídas. A questão é que uma vida totalmente humana é uma vida livre de ser escravizada por nossas coisas. Nossas posses devem servir às nossas necessidades e à nossa humanidade, ao invés de nossas vidas serem centradas no serviço às nossas posses e aos nossos desejos por elas.[1]

---

[1] Rebecca DeYoung, *Glittering Vices: A New Look at the Seven Deadly Sins and Their Remedies* (Grand Rapids, MI: Brazos, 2009), p. 106.

Sem dúvida, discernir o que é e o que não é "uma vida totalmente humana, livre de ser escravizada por nossas coisas" varia de lugar para lugar e de pessoa para pessoa. "*Cada um contribua segundo tiver proposto no coração, não com tristeza ou por necessidade; porque Deus ama a quem dá com alegria*" (2Co 9.7). Quando se trata de finanças, fazemos bem em sermos críticos de nós mesmos, e não dos outros — e de nos lembrarmos de como temos a tendência de sermos gentis conosco e duros com os outros.

É difícil, e provavelmente imprudente, prescrever particularidades aqui, mas podemos criar algumas categorias úteis e descrever erros a serem evitados, como "ser escravizado por nossas coisas". Uma coisa a se notar é que "uma vida totalmente humana" não é uma existência estática. Deus nos criou para ritmos e cadências, para banquetes e jejuns, para barulho e multidões e silêncio e solitude. É de alguma utilidade, mesmo que mínima, identificar e nomear os extremos de opulência e austeridade prolongadas. Precisamos de um espaço para banquetes e jejuns financeiros. Devemos abominar o chamado "evangelho da prosperidade", não sermos prejudicados pela mesquinhez disfarçada de mordomia cristã, e estarmos alertas ao fato que acumular grandes dívidas no cartão de crédito provavelmente significa dar além de nossas posses.

Embora discernir precisamente o que é pouco ou muito de pessoa para pessoa não seja uma tarefa fácil, John Piper sabiamente observa: "A impossibilidade de traçar uma linha entre a noite e o dia não significa que você não consiga reconhecer quando é meia-noite".[2]

---

2 Entrevista de Collin Hansen com John Piper, "Piper sobre o salário de pastores",

Uma última coisa a se notar sobre padrões é o teste do sacrifício. Você já se absteve de algo que, em geral, consideraria como uma "necessidade da vida" para doar ao próximo?

Nada evidencia nosso coração como o sacrifício. Quando estamos dispostos não apenas a dar de nosso excesso, mas a admitir alguma perda ou desvantagem pessoal para sermos generosos para com os outros, dizemos em alto e bom som, mesmo que apenas para nossa própria alma, que temos um amor maior do que a nós mesmos e nossos confortos.

4. Generosidade é um meio de graça

Tal sacrifício levanta a questão que sempre esteve sob a superfície ao abordar o assunto da doação: Existe alguma *recompensa* pela generosidade e sacrifício — quer estejamos dando presentes de Natal, doações de fim de ano ou uma refeição para um amigo ou estranho — além de nossa própria libertação existencial e sensação de alegria por um ato de altruísmo? Dar aos outros, na economia de Deus, é um canal para recebermos nós mesmos a graça do alto?

Embora o Novo Testamento não prometa recompensas físicas nesta vida por nossas doações, ele ensina que a generosidade é um meio de graça para nossas almas, e que Deus está pronto para abençoar aqueles que dão pela fé. Jesus ensinou: "Mais bem-aventurado é dar que receber" (At 20.35). E a promessa é ainda mais forte em 2 Coríntios 9:

Coalizão pelo Evangelho, 10 de abr. de 2016, www.coalizaopeloevangelho.org/article/piper-sobre-o-salario-de-pastores/ (acesso em: 2 de maio de 2022).

- Versículo 6: "Aquele que semeia pouco pouco também ceifará; e o que semeia com fartura com abundância também ceifará";
- Versículo 8: "Deus pode fazer-vos abundar em toda graça, a fim de que, tendo sempre, em tudo, ampla suficiência, superabundeis em toda boa obra";
- Versículos 10-11: "Ora, aquele que dá semente ao que semeia e pão para alimento também suprirá e aumentará a vossa sementeira e multiplicará os frutos da vossa justiça, enriquecendo-vos, em tudo, para toda generosidade, a qual faz que, por nosso intermédio, sejam tributadas graças a Deus".

É a graça de Deus que liberta a alma do egoísmo e possibilita não apenas a generosidade, mas o sacrifício. E Deus não ignora tal sacrifício. Na fé, nossa doação para atender às necessidades dos outros se torna uma ocasião para que mais graça divina encha nossas almas.

5. Deus é quem dá com mais alegria

Afinal, por mais alegremente que possamos dar, não podemos superar o Doador verdadeiramente alegre. Voluntariamente, ele deu seu próprio Filho (Jo 3.16; Rm 8.32), como ele havia proposto em seu coração, não com tristeza ou por necessidade, mas com alegria.

E o próprio Jesus estava disposto de coração, oferecendo-se em seu próprio espírito eterno (Hb 9.14) e sacrificando a maior das riquezas para atender à nossa maior necessidade. "Pois conheceis a graça de nosso Senhor Jesus Cristo, que, sendo rico, se fez pobre por amor de vós, para que, pela sua pobreza, vos tornásseis ricos" (2Co 8.9).

Deus ama a quem dá com alegria, porque ele também é assim, plenamente. E cada dádiva que damos em Cristo é simplesmente um eco do que já recebemos e das imensuráveis riquezas que estão por vir (Ef 2.7).

CAPÍTULO 21
O relógio

Você está sempre preso ao relógio. Não há como evitar. Todo ser humano, em todos os lugares do planeta, qualquer que seja a cultura, está sujeito à passagem incessante do tempo. Os ponteiros estão sempre se movendo. Não importa o quanto o negligenciemos, ignoremos ou nos estressemos com isso, não há nada que possamos fazer para conter seu ataque. Ignore sua velocidade por sua conta e risco. Ou trilhe o caminho da sabedoria para administrar seus curtos e poucos dias como dádivas de Deus.

A primeira coisa a dizer sobre ser intencional com nosso tempo é que as Escrituras recomendam isso. Dar atenção a uma melhor gestão do tempo não é uma criação secular. A recente enxurrada de livros de negócios sobre o assunto é precedida em muito pelo ensino bíblico.

Não é apenas o apóstolo Paulo a nos dar a direção: "Portanto, vede prudentemente como andais, não como néscios, e sim como sábios, remindo o tempo" (Ef 5.15-16), mas 1500 anos antes, até mesmo a oração de Moisés pedia a ajuda de Deus "Ensina-nos a contar os nossos dias, para que alcancemos coração sábio" (Sl 90.12).

As Escrituras têm muito a dizer sobre como administrar nosso dinheiro, e não é preciso muito para ver que o relógio é ainda mais precioso do que o dinheiro. Como Donald S. Whitney argumenta: "Se as pessoas jogassem fora seu dinheiro tão impensadamente como jogam fora seu tempo, nós as consideraríamos loucas. No entanto, o tempo é infinitamente mais precioso do que o dinheiro, porque dinheiro não compra tempo".[1]

SE O SENHOR QUISER

Mas a Bíblia não apenas recomenda a gestão do tempo; também adverte sobre ele. Sim, a negligência é um perigo frequente, mas a armadilha oposta é quase epidêmica em nossos dias. Quer a raiz do pecado seja a ansiedade, o egoísmo ou simplesmente orgulho e arrogância, a resposta para a negligência não é oscilar o pêndulo até sermos consumidos por nossos calendários. O deus da administração do tempo rapidamente fracassará, se estiver no lugar de Cristo e sua providência e prerrogativas.

Tiago assume a voz principal para a repreensão, ou pelo menos santificação, da nossa agenda.

> Atendei, agora, vós que dizeis: Hoje ou amanhã, iremos para a cidade tal, e lá passaremos um ano, e negociaremos, e teremos lucros. Vós não sabeis o que sucederá amanhã. Que é a vossa vida? Sois, apenas, como neblina que aparece por instante e logo se dissipa. Em vez disso, devíeis dizer: Se o Senhor quiser, não só viveremos, como também faremos isto ou aquilo. Agora, entretanto, vos jactais das vossas arrogantes pretensões. Toda jactância semelhante a essa é maligna. (Tg 4.13-16)

---

[1] Donald S. Whitney, Spiritual Disciplines for the Christian Life, ed. rev. (Colorado Springs: NavPress, 2014), p. 166–67 [edição em português: *Disciplinas espirituais* (São Paulo: Editora Batista Regular, 2021)].

Tiago ecoa o conselho de Provérbios 27.1: "Não te glories do dia de amanhã, porque não sabes o que trará à luz". Podemos fazer previsões, mas não sabemos o que nos aguarda a próxima hora, muito menos a próxima semana. Por mais que nosso tempo possa parecer nosso, cada relógio é, em última análise, de Deus. Ele pode nos levar à velhice e aos cabelos brancos (Is 46.4), ou ele pode dizer, sem aviso: "Louco, esta noite te pedirão a tua alma" (Lc 12.20).

Os ponteiros do relógio estão sempre nas mãos de Deus. É arrogante planejar sem planejar para Deus.

VÍCIO EM PRODUTIVIDADE

Certamente, muitos são negligentes com seu tempo, mas vivemos em uma época em que a gestão do tempo está em voga. Pelo menos no Ocidente, talvez estejamos mais cientes do que nunca quanto ao relógio e de como ele é fugaz. Sua livraria local agora oferece mais lançamentos sobre produtividade e gestão de tempo do que de filosofia e religião. O "vício em produtividade" enredou multidões em sua teia de sistemas em constante aperfeiçoamento.[2]

Hoje, os especialistas nos dizem que precisamos assumir o controle de nossa rotina diária antes que alguém assuma, que o maior problema que enfrentamos é o "fluxo de trabalho reacionário" e que devemos proteger vigilantemente nossa agenda sagrada contra a invasão das necessidades e prioridades dos outros.[3]

---

2 James Bedell, "The Trap of Productivity Porn," *Medium*, 21 de dez. de 2013, www.medium.com/thinking-about-thinking/the-trap-of-productivity-porn-7173d1c-c6f95 (acesso em: 2 de maio de 2022).

3 Por exemplo, em Jocelyn Glei (ed.), *Manage Your Day-to-Day: Build Your Routing, Find Your Focus, and Sharpen Your Creative Mind*, 99U Book Series (Las Vegas: Amazon Publishing, 2013).

Talvez, mais do que nunca, precisamos ouvir de nosso Pai amoroso o lembrete difícil, mas feliz de 1 Coríntios 6.19-20, adaptado para o nosso planejamento: *Seu tempo não é seu. Você foi comprado por um preço. Portanto, glorifique-me com a sua agenda.*

Mas e daí? Se nosso tempo, em última análise, não é nosso, mas dele, como a fé direciona o tempo que estamos administrando por empréstimo?

FÉ OPERANDO POR MEIO DO AMOR

Um princípio fundamental para ter uma gestão de tempo cristã é este: *deixe que o amor ao próximo seja o condutor de seu planejamento disciplinado e intencional.* É o amor ao próximo que cumpre a lei de Deus (Rm 13.8, 10). Santificar nosso tempo para Deus significa gastá-lo com os outros nos múltiplos atos de amor. Boas obras glorificam a Deus não porque atende às necessidades dele — ele não tem nenhuma (At 17.25) —, mas porque servem ao próximo. Como Martinho Lutero disse de maneira tão memorável, não é Deus quem precisa de suas boas obras, mas seu próximo.

Quando pedimos a Deus que nos ensine a contar nossos dias, essa é a lição que aprendemos continuamente. Uma maneira de torná-la prática é programar o tempo para o bem proativo no chamado que Deus nos deu e para o bem reativo que responde às necessidades urgentes dos outros. Aprender a permitir que o amor inspire e conduza nosso planejamento provavelmente significará blocos bastante rígidos de nossos trabalhos proativos, junto com uma margem generosa e flexibilidade planejada para atender regularmente às necessidades não planejadas de outras pessoas.

Talvez haja toda uma teologia de gestão de tempo logo abaixo da superfície, no final da curta carta de Paulo a seu protegido Tito. Ele escreve: "Agora, quanto aos nossos, que aprendam também a distinguir-se nas boas obras a favor dos necessitados, para não se tornarem infrutíferos" (Tt 3.14). Frutificação (produtividade) significa atender às necessidades dos outros com "boas obras" — gastar nosso tempo, energia e dinheiro a serviço do amor — que serão proativas e reativas. Sem agendamento, falharemos na proatividade; sem flexibilidade, ficaremos indisponíveis para o reativo.

PARA AQUELES QUE O DESPERDIÇARAM

Mas mesmo quando pretendemos intencionalmente deixar o amor direcionar nossos horários, nenhum de nós fará isso perfeitamente, ou mesmo adequadamente. Pecadores são desperdiçadores crônicos de tempo e, regularmente, são presas de ataques de desamor. Mesmo os gerentes de tempo mais disciplinados são vulneráveis a erros substantivos todos os dias.

Então, o que fazemos com o arrependimento por todo o tempo que desperdiçamos? Deus oferece esta esperança à medida que aprendemos a amar, mediante a gestão do nosso tempo: Redima seus dias, semanas e anos perdidos, permitindo que eles o conduzam a Jesus e o inspirem, pela fé, a contar com mais cuidado os dias que ainda estão por vir.

Quando o evangelho inunda nossa alma e nossas agendas, e sabemos profundamente que "fui conquistado por Cristo Jesus", então, em todas as nossas imperfeições e indiscrições

— mas vivos na fé, capacitados pelo Espírito e movidos pelo amor — somos capazes de prosseguir "para conquistar aquilo para o que também fui conquistado" e dizer: "esquecendo-me das coisas que para trás ficam e avançando para as que diante de mim estão, prossigo para o alvo, para o prêmio da soberana vocação de Deus em Cristo Jesus" (Fp 3.12-14).

Você pode estar sempre preso ao relógio, mas as misericórdias de Cristo se renovam a cada manhã; e até mesmo a cada hora.

QUATRO LIÇÕES PARA UMA GESTÃO DE TEMPO FRUTÍFERA

Por fim, para tornar alguns desses princípios mais específicos e práticos, aqui estão quatro lições sobre como administrar o tempo de modo frutífero, para a missão do amor.

1. Considere sua vocação

Deus deu dons a cada um de nós para o bem comum (1Co 12.7). Ele distribui uma variedade de dons, serviços e atividades entre seu povo (12.4-6). Em termos de nossa "vocação" profissional, muitas vezes achamos mais fácil identificar o que Deus pode estar nos indicando para o futuro, em vez daquilo para o que ele nos chamou hoje. Por exemplo, pode ser difícil para o estudante de administração, sentindo uma "vocação" para um dia administrar para a glória de Deus, perceber que seu chamado atual é o de ser um estudante, mesmo enquanto ele se move em direção à sua futura vocação administrativa.

Nossa vocação profissional — aquele esforço regular para o qual Deus projetou nossa mente, coração e mãos por uma época específica da vida — flui não apenas de nossas próprias aspirações e afirmações de outros, mas também de uma oportunidade tangível. Alguns de nós podemos sentir o chamado para uma nova profissão e termos a feliz aprovação daqueles que nos conhecem melhor, mas até que alguma porta específica se abra e tenhamos a oportunidade real de começar a operar nesse campo, essa vocação permanece no futuro, e negligenciamos nosso encargo anterior, em prejuízo de nossa alegria e do bem dos outros.

2. Planeje com as pedras grandes

A seguir, à luz da vocação de Deus para nós hoje, identifique as principais prioridades que constituem esse chamado. Normalmente, essas prioridades ficarão consideravelmente comprometidas, se não abandonadas por completo, se não as planejarmos com alguma intencionalidade.

Alguns chamam isso de "as pedras grandes".[4] As pedrinhas são as coisas menores às quais damos tempo regularmente, mas não contribuem diretamente para as maiores prioridades de nossa vocação. Se colocarmos as pedras grandes primeiro no vaso de nossa agenda, seremos capazes de preencher os espaços com um bom número de pedrinhas. Mas se colocarmos as menores primeiro, as pedras grandes provavelmente não caberão.

3. Aproveite ao máximo suas manhãs

Aprenda uma lição com os salmistas (Sl 5.3; 30.5; 46.5; 59.16; 88.13; 90.5-6, 14; 92.2; 143.8), com o próprio Jesus (Mc 1.35) e muitos dos "grandes" da história da igreja, e aproveite ao máximo suas manhãs.

---

4 Ibid., p. 197.

Estudo após estudo confirma a importância das primeiras horas do dia para o cumprimento dos aspectos mais importantes (e frequentemente mais intensos) de nosso chamado. De manhã, normalmente estamos mais atentos e temos o maior estoque de energia para trabalhar de forma criativa e proativa. Além disso, pela manhã, somos menos propensos a sermos distraídos por interrupções e urgências que surgem com o passar do dia.

A forma como investimos regularmente em nossas manhãs pode ser reveladora. Quantos de nós descobrimos que onde estiver a nossa manhã, aí também estará o nosso coração? Quando nossa maior prioridade a cada dia é nos reorientarmos para Jesus e ouvir sua voz nas Escrituras, estaremos mais propensos a criar espaço para isso desde cedo, e menos propensos a deixar a o acaso decidir se teremos tempo para isso ao longo do dia.

Então, para a nossa vocação, a maneira como passamos as primeiras horas do relógio pode ser crucial. Por mais difícil que seja resistir à procrastinação em nossas tarefas mais intensas e exigentes ("as pedras grandes"), o momento mais estratégico para enfrentá-las é logo de manhã. Sobre como ser motivado pelo amor ao guardar nossas manhãs dessa forma, pense no seguinte: Ao proteger a luz das manhãs contra trivialidade, nos libertamos para a ofensiva de combater a escuridão, com flexibilidade para atos não programados de amor no final do dia. Isso nos leva a uma quarta e última lição.

4. Crie flexibilidade para atender às necessidades de outros

Até agora, fomos mais implícitos sobre como essas amplas lições de gestão de tempo funcionam a serviço do amor. Agora, seremos explícitos.

Por um lado, nossa consideração cuidadosa sobre a vocação e o planejamento à luz das principais prioridades, e sobre aproveitar ao máximo as primeiras horas do dia, funcionam a serviço do amor como a parte proativa de nossa vocação de servir e abençoar o próximo. Afinal, esse é o nosso chamado em seu sentido mais verdadeiro e profundo: como Deus nos preparou, com nossas habilidades particulares, em certa época da vida, para gastar regularmente tempo e energia pelo bem dos outros. Essa é a dimensão proativa de nossa vocação.

Mas, por outro lado, conhecer nossos dons e atender às nossas prioridades e enfrentá-las logo de manhã também nos liberta para sermos reativos conforme o dia avança, capazes de responder às necessidades não planejadas dos outros, sejam grandes ou pequenas, óbvias ou sutis. Ame os planos de períodos fixos para impulsionar nossos trabalhos proativos de amor, e também deixe margem e flexibilidade para atender às necessidades não planejadas dos outros conforme elas surgem.

LEMBRE-SE DAS PALAVRAS DE JESUS

É uma maneira hedonista cristã você dividir o seu tempo. É uma forma de nos lembrarmos das palavras de Jesus, como ele mesmo disse: "Mais bem-aventurado é dar do que receber" (At 20.35). As maiores alegrias não vêm do tempo desperdiçado, acumulado ou gasto de forma egoísta, mas do amor abnegado ao próximo para a glória de Deus, quando entregamos nosso tempo e energia pelo bem do próximo e encontramos nossa alegria na alegria deles.

Afinal, atos de amor não acontecem por acaso.

EPÍLOGO

Comunhão com Cristo em um dia caótico

Todos nós já passamos por isto. Talvez hoje mesmo seja um dia destes para você. O dia caótico. Pelo menos espiritualmente falando.

Esperamos que você esteja desenvolvendo sua rotina regular e seus "hábitos da graça", os seus *quando*, *onde* e *como* buscar a comunhão diária com Deus. Talvez você já esteja nisso há tanto tempo que, quando o despertador toca *em um dia normal*, você já tem seus padrões e ritmos organizados de como se levantar, preparar o café da manhã e se preparar, tudo desembocando em um tempo curto mas significativo de "entrar na Palavra", para redefinir sua mente, encher seu coração e recalibrar sua perspectiva antes de começar o dia.

Mas então vêm aqueles dias caóticos. E eles parecem surgir com mais frequência do que esperamos. Pode ser a conversa até tarde da noite, importante, mas cansativa, que faz você acionar o modo soneca repetidamente na manhã seguinte. Ou talvez seja ficar com parentes, ou recebê-los em sua casa.

Ou, para pais jovens, é o filho (ou filhos) que acordou durante a noite ou saiu da cama muito cedo querendo o café da manhã e sua atenção. Ou talvez seja apenas esta época da vida e, honestamente, todas as manhãs parecem ter seu próprio caos. O Inimigo parece ter algum esquema novo e criativo a cada novo dia para evitar que você tenha qualquer "tempo a sós com Deus".

Quaisquer que sejam as circunstâncias que emperram sua rotina, suas manhãs caóticas levantam a questão: Como você deve pensar e se envolver (se conseguir) nos meios de graça da meditação bíblica e oração quando a boa, porém muitas vezes inconveniente, soberania de Deus faz você cambalear sem sua rotina?

1. LEMBRE-SE DO QUE SÃO SEUS "HÁBITOS DA GRAÇA"

Um bom lugar para começar é com o quadro geral sobre suas rotinas espirituais matinais. A meditação bíblica não tem a ver com marcar tabelas, mas com comunhão com o Cristo ressuscitado em e por meio de sua palavra. Andar na graça dele hoje não depende de você cumprir sua rotina devocional completa, ou qualquer rotina, na verdade. É o padrão regular de comunhão com Cristo que é vital, não o tempo prolongado em um determinado dia.

Você pode ler todas as passagens, reservar tempo para um longas anotações sobre meditação e oração, trabalhar bastante na memorização das Escrituras e facilmente passar o dia caminhando com suas próprias forças, sem morrer para os interesses egoístas nem se antecipar e agir para atender às necessidades de outros. Na verdade, é provável que nos dias em que você se sinta pessoalmente mais forte e espiritualmente realizado, você esteja mais propenso a andar em sua própria força, em vez da força que Deus fornece (1Pe 4.11).

2. CONSIDERE O CAMINHO DO AMOR

É um ato de amor (ao próximo) ter comunhão regular com Deus. Existem bons efeitos horizontais em ter nossas almas firmadas e florescendo verticalmente. Você será um cônjuge, pai, amigo, primo, filho e vizinho melhor se sua alma estiver sendo rotineiramente moldada e sustentada por um relacionamento real com Deus em sua palavra e em oração.

Às vezes, a coisa mais amorosa que podemos fazer é nos afastar das pessoas por alguns minutos, alimentar nossas almas em Deus e sua bondade e voltar para nossas famílias e comunidades reanimados para prever e atender às necessidades dos outros. Mas, em outras ocasiões, o caminho do amor é morrer para nosso desejo de ter um tempo sozinho — mesmo em coisas boas como meditação bíblica e oração — para dar atenção à criança que está doente ou acordou cedo, ou para preparar e servir o café da manhã para a família de fora da cidade, ou para ajudar um cônjuge ou amigo que está tendo sua própria manhã caótica.

3. DESENVOLVA UMA ROTINA MATINAL ADAPTÁVEL

Levar em conta as manhãs caóticas, saber que elas virão e tentar estar pronto para elas, pode significar desenvolver hábitos matinais que sejam flexíveis. Tente criar uma rotina que possa se estender por mais de uma hora, se possível, ou diminuir para apenas dez minutos, ou até menos, quando o amor exigir.

Por exemplo, você pode considerar um padrão simples como o que estamos adotando neste livro: *comece com a leitura bíblica, passe à meditação, complete com oração*. Nos dias em que você tem mais tempo, pode ler e meditar mais, fazer anotações no diário, reservar um tempo para memorizar alguma passagem rica e permanecer em oração, da adoração à confissão, do agradecimento à súplica. Mas em uma manhã caótica, você pode terminar a sequência de leitura-meditação-oração em apenas alguns breves minutos, se necessário.

Em vez de ler todas as passagens designadas em seu plano de leitura bíblica, leia apenas um pequeno salmo, um pequeno relato do Evangelho ou uma pequena seção de uma epístola. Procure uma manifestação da bondade de Deus na passagem, medite sobre essa bondade aplicada a você em Jesus e tente inserir essa verdade em seu coração. Em seguida, ore por essa verdade à luz do seu dia e das necessidades diante de você, junto com quaisquer outros pedidos espontâneos em sua mente naquela manhã.

Se o tempo estiver realmente apertado, pelo menos faça uma breve pausa para orar e procure manter um espírito de oração e dependência durante o dia. Cristo pode encontrá-lo na correria. Diga a Deus que parece que as circunstâncias e o chamado do amor estão conduzindo você direto para a vida hoje. Reconheça que você não pode obter a ajuda dele com um longo período de meditação e oração, mas peça que ele se mostre forte hoje, sendo a sua força quando você se sentir espiritualmente fraco.

Na verdade, muitas vezes é nos dias caóticos que nos sentimos mais dependentes, e nosso senso de fraqueza é bom para que Deus nos mostre sua força. "A minha graça te basta, porque o poder se aperfeiçoa na fraqueza" (2Co 12.9).

4. Procure a provisão de Deus por meio de outros

Os meios da graça não são simplesmente pessoais. Eles são profundamente comunitários. Até mesmo nossa meditação bíblica e oração pessoal são profundamente moldadas por nossa vida em comunidade e por aqueles que nos ensinaram intencionalmente. A nutrição bíblica e a oração pessoal podem ser poderosas, e são hábitos da graça que vale a pena perseguir diariamente; mas um lembrete da graça de Deus vindo de um cônjuge, amigo ou irmão na fé também podem ser. Não negligencie o poder da comunhão como meio da graça de Deus.

Se o tempo a sós com Jesus simplesmente não aconteceu nessa manhã caótica, fique atento para alguma porção de alimento do evangelho em uma conversa com alguém que ama Jesus. Se for um dia caótico para ambos, talvez uma conversa rápida, apontando um ao outro para Cristo e sua bondade para conosco, produzirá para os dois um alimento que não receberiam de outra forma.

5. Avalie depois o que você pode aprender para a próxima vez

Quando a manhã e o dia caóticos passarem, procure aprender como você pode melhorar em se precaver e tratar disso no futuro. Se você ficou acordado até tarde para assistir a algum programa ou filme desnecessariamente, a lição pode ser, muito simplesmente, planejar melhor da próxima vez. Contudo, muitas vezes não há nada para aprender; é apenas a vida nesta era.

Os dias caóticos chegarão. E há tempos da vida, como quando há um recém-nascido em casa, em que todas as pretensões são suspensas e é apenas uma época caótica. Mas com um pouco de intencionalidade, e com um plano modesto em prática, você pode aprender a navegar nesses dias, e até mesmo andar dependendo mais de Deus, sabendo muito bem que não é a execução ideal de nossos hábitos matinais de graça que garante seu favor e bênção.

Você pode ter comunhão com Cristo nos dias caóticos.

Agradecimentos

É preciso ajuda de muitos — para criar um filho e também para escrever um livro. Minha jornada com os hábitos da graça remonta à infância, desde antes de que consigo lembrar. Mamãe e papai não apenas procuraram cultivar sua própria comunhão com Jesus na leitura bíblica diária e na oração, mas também criaram o hábito de reunir as crianças para as devocionais em família antes de dormir. Depois do próprio Cristo, minha primeira expressão de agradecimento é para mamãe e papai.

Em seguida, vêm os pacientes e amáveis pais voluntários do ensino fundamental e médio da Primeira Igreja Batista em Spartanburg, Carolina do Sul. Muitos (mais do que posso nomear) investiram em nós incontáveis manhãs de domingo e noites e noites de quarta-feira. Além dos líderes da juventude, o pastor Don Wilton nos ensinou que podemos confiar na Bíblia, e Seth Buckley foi o modelo tanto do ministério de jovens quanto de masculinidade cristã.

Na Furman University em Greenville, Carolina do Sul, as influências fundamentais foram os discipuladores Faamata Fonoimoana e Matt Lorish, sob a liderança de Ken Currie. Faamata sacrificou-se como um veterano para investir em míseros calouros. Ele foi um discipulador em todos os aspectos da vida, incluindo os hábitos de graça. Então, depois de dois anos com Faamata, Matt me colocou sob sua proteção nos meus últimos dois anos em Furman. Ele me deu a tarefa de ler *Disciplinas espirituais*, de Donald S. Whitney, e confiou em mim o suficiente para ensinar publicamente os alunos mais jovens em projetos de treinamento de verão.

Agora, nesses doze anos em Minnesota, as influências se multiplicaram. Paul Poteat, Matt Reagan e Andrew Knight viveram comigo essa visão da comunhão diária com Jesus, que aplicamos no discipulado dos estudantes universitários.

Agradecimentos especiais vão para meu ex-colega de trabalho e agora colega de ministério pastoral, Jonathan Parnell, que enviou o fatídico e-mail não solicitado, em 28 de dezembro de 2011: "Fico pensando se você deveria pensar em escrever um livro sobre as disciplinas... Pense nisso". Bem, eu pensei. E mesmo que parecesse algo distante no início, surgiu a oportunidade de ensinar as disciplinas para alunos no Bethlehem College & Seminary (BCS) e, em seguida, escrever sobre elas em desiringGod.org. Por fim, a Crossway foi gentil em fornecer o espaço e o suporte para fazer surgir o livro que você tem em mãos. Agradeço em particular a Ryan Griffith do BCS, aos colegas da equipe de conteúdo em desiringGod.org (Marshall Segal, Tony Reinke, Phillip Holmes, Stefan Green, John Piper e Jon Bloom) e aos queridos amigos da Crossway, especialmente Justin Taylor, que acreditou neste projeto o suficiente para sugerir que fizéssemos um guia de estudo. Agradeço à grande editora Tara Davis por abordar este projeto com tanta experiência e cuidado, e a Pam Eason por sua ajuda e orientação no guia de estudo.

Agradeço à minha esposa, Megan, a meus filhos gêmeos Carson e Coleman e à minha filha mais nova Gloria. Vocês se ajustaram para me dar tempo de costurar os últimos fios em janeiro e agosto de 2015. E Megan, por mais de oito anos, você tem sido minha parceira feliz no cultivo dos hábitos da graça e em fazer de nosso lar um lugar para ouvir a voz de Deus, ser ouvido por ele e pertencer a seu corpo. Este livro não existiria sem o seu incentivo, paciência e graça notável.

Finalmente, e mais importante, agradeço ao Deus-homem, assentado com poder no trono do universo, sob cuja sábia e bondosa soberania as sementes deste pequeno livro foram plantadas e nutridas no solo e na água de sua misericordiosa providência. De fato, as divisas caíram-me em lugares amenos (Sl 16.6). Minha oração é que Jesus — Senhor, Salvador e maior tesouro — seja mais devidamente amado, estimado e apreciado por meio deste pequeno livro. Que ele possa inspirar muitos hábitos de sua graça em seus admiradores, à luz de seus gloriosos meios de graça em sua palavra, ouvido e corpo. E que esse seja realmente o grande fim: que ele seja ainda mais nosso maior tesouro (Mt 13.44) e grande alegria (Sl 43.4).

FIEL MINISTÉRIO

O Ministério Fiel visa apoiar a igreja de Deus de fala portuguesa, fornecendo conteúdo bíblico, como literatura, conferências, cursos teológicos e recursos digitais.

Por meio do ministério Apoie um Pastor (MAP), a Fiel auxilia na capacitação de pastores e líderes com recursos, treinamento e acompanhamento que possibilitam o aprofundamento teológico e o desenvolvimento ministerial prático.

Acesse e encontre em nosso site nossas ações ministeriais, centenas de recursos gratuitos como vídeos de pregações e conferências, e-books, audiolivros e artigos.

Visite nosso site

www.ministeriofiel.com.br

❈ desiringGod

Todo mundo quer ser feliz. O site do ministério Desiring God nasceu e foi construído para a felicidade. Queremos que as pessoas em todos os lugares entendam e abracem a verdade de que Deus é mais glorificado em nós quando estamos mais satisfeitos nele.

Reunimos mais de trinta anos de mensagens e textos de John Piper, incluindo traduções em mais de quarenta idiomas. Também fornecemos um fluxo diário de novos recursos em texto, áudio e vídeo para ajudá-lo a encontrar verdade, propósito e satisfação que nunca terminam. E tudo isso está disponível gratuitamente, graças à generosidade das pessoas que foram abençoadas pelo ministério.

Se você quer mais recursos para a verdadeira felicidade, ou se quer aprender mais sobre nosso trabalho, nós o convidamos a nos visitar:

www.desiringgod.org

Leia Também

HÁBITOS ESPIRITUAIS

PRAZER EM JESUS PELA GRAÇA DIÁRIA

DAVID MATHIS

Apresentação por John Piper

GUIA DE ESTUDO

Leia Também

JOHN PIPER

SURPREENDIDO POR DEUS

Dez verdades que podem transformar o mundo

Esta obra foi composta em AJensonPro Regular 11,7, e impressa
na Promove Artes Gráficas sobre o papel Polen 70g/m²,
para Editora Fiel, em Junho de 2024